モラハラ夫と食洗機

弁護士が教える
15の離婚事例と戦い方

㊔ 弁護士 堀井亜生

小学館

はじめに

モラルハラスメント、略してモラハラ。近年よく耳にするようになった言葉だと思います。正確な定義はまだありませんが、本書でいうモラハラは、相手を追い詰めるほどの精神的暴力を指します。

令和2年度の司法統計によると、離婚調停を申し立てた女性の動機の1位は「性格が合わない」、2位が「生活費を渡さない」、そして3位が「精神的に虐待する」。2位と3位はまさにモラハラの特徴で、不倫や暴力に代わって年々増え続けています。

私が弁護士になったのは17年前。当時、離婚の主流は「不倫」「借金」「暴力」で、モラハラは単なる「性格の不一致」と片付けられ、軽視されていた時代でした。私自身も、モラハラとは夫のお小言ぐらいのことだろうと考えて、離婚を勝ち取るために、探偵の証拠、けがの写真や診断書といったわかりやすい証拠を集めていました。しかし、ある時担当した案件をきっかけに、その認識は大きく変わることになります。

その女性が初めて法律相談にやってきた時、離婚の相談に来る人のなかでも特に疲れ果てているように見えました。聞けば、相談は私のところで10軒目。最初は役所で紹介された女性のための相談に行き、行政の無料相談、CMをしている法律事務所、地元の弁護士、離婚に強い弁護士など……。その全てで「あなたのケースは離婚できない」と言われ、最後はカウンセラーや、占いにも頼ったということです。

どうして離婚したいのですかと私が尋ねると、妻は「夫から虐待を受けているんです」と答えます。しかし夫とは会話はなく、メールをしているのみ。おそらく、この時点で離婚などできないと突き返されたのです。

妻から携帯を預かると、そこには3年間にわたって毎日夫から送られ続けた膨大な数の嫌がらせメールがありました。画面全体を埋め尽くす「お前を殺す」の文字、「毎日死ねばいいと思っている」「何もできない無能なゴミ人間」といった目を覆《おお》いたくなるようなひどい言葉が、毎日毎日、大量に送られていました。

これで離婚できないのはおかしい。そう考えた私は、依頼を引き受けますと妻に連絡を入れました。

そこからもさまざまな苦労がありました。書面に「●月●日、夫は妻に●●というメールを送り精神的に虐待をした」と書くだけでは、夫の異常さや妻が受けた恐怖は伝わらない。そこで、3年間の全てのメールを証拠として提出したのです。A4用紙で数百枚。一時期はこの裁判の記録で事務所の本棚が埋まりました。

夫は「妻にも問題がある」と最後まで離婚に抵抗しましたが、裁判官は全ての証拠に目を通してくれて、激しい言動、執拗《しつよう》な脅迫などから修復は不可能として、夫婦関係の破綻《はたん》が認定され、離婚が認められました。

これを受けて私は、実態がつかみにくいモラハラでも、諦めずに立証することで離婚はできるのだと知りました。


それと同時に、この経験を弁護士として生かしていきたいと考えるようになりました。テレビや雑誌などでモラハラ離婚について発信すると、離婚を諦めていた方からの相談が多く来るようになりました。私はこれまで2000件を超える離婚や恋愛トラブルの相談を受けてきましたが、モラハラの案件は年を追うごとに増加しています。

その一番の理由は、スマートフォンとLINEの普及です。夫婦の日常的なやりとりが簡単に記録できるようになったので、家庭内で起きているモラハラを、客観的・立体的に証明しやすくなりました。

もう一つの理由は、コロナ禍のステイホーム期間です。会社に行けず、飲みにも行けない。やり場のない苛立ちを家族にぶつける夫が急増しました。緊急事態宣言が明けた夏以降、離婚相談の多くは「モラハラで離婚したい」というものでした。

こうして多くの相談を受ける中で、モラハラ夫にはいくつかの傾向があることがわかってきました。夫の言動だけでなく、職業や経歴、外見すら似ている場合もありました。

本書では、夫によるモラハラを15の事例として紹介していますが、これは15人の夫の事例ではありません。たくさんの数のモラハラ夫の事例を、類似点をもとに15種類にまとめたものです。妻が別れを決意した理由と具体的な希望、それらを踏まえた私の戦略を解説し、なぜそのようなモラハラ夫が生まれてしまったかを分析しています。モラハラ夫との離別のゴールは人によって違っていて、離婚がゴールとは限りません。本書の事例には、別居でひとまずの解決となったケースもありますが、それも含めて、書名は〝離婚事例〟としています。また、妻のモラハラに悩む夫からの相談も多く受けていますが、本書ではモラハラ夫に事例を絞っています。

統計を見ても、不倫や暴力による離婚は減り続け、代わりにモラハラ離婚が増加の一途をたどっています。それなのに、実務では、モラハラを軽視する傾向がいまだに続いています。一つ一つの事例を見ると、とても壮絶で、これで離婚できないはずがないと思うものが数多くあるのに、離婚を諦めている妻がたくさんいるのです。

モラハラでも離婚はできます。絶対に離婚できない、夫から離れられないということはありません。それを伝えるべく、本書を執筆しました。

モラハラで悩んでいる女性には、あなただけではないこと、つらいなら離別の道は必ず見つかること。そして周囲の人たちやモラハラに関わる専門家には、モラハラと聞いても軽くとらえずに事実関係を聞き取れば、これだけのことが出てくる可能性もあること。

本書を読んだ皆さんにとってモラハラを考えるきっかけになればと思っています。といっても、私は堅苦しい話が得意ではないので、できるだけわかりやすくライトな形でお伝えします。

ちなみに、皆さんが気になっているであろう、タイトルにあるモラハラ夫と食洗機の関係は、本書をお読みいただければわかります。

ありがたいことに、『夫の扶養からぬけだしたい』『親になったの私だけ⁉』でモラハラまんが界に新風を巻き起こしたまんが家のゆむいさんが、本書の事例をもとに、新たな作品を執筆してくださいました。私が戦ったモラハラ夫たちの特徴や怖さ、そして妻の不安や恐怖心がリアルに描かれています。

離婚や別居を積極的に勧める意図はありません。とはいえ、モラハラに苦しみながら一生我慢するしかないと諦めてしまうこともお勧めしません。一度しかない人生を、自分で考えて生きてほしい。本書が、モラハラで悩む方の一助となることを願っています。

※本書に掲載する内容は、本文およびまんがともに、著者が実際に取り扱った事例をベースにしていますが、特定の個人、コミュニティ、文化などをおとしめるものではありません。また、事例については、当事者のプライバシーに配慮し、変更・脚色を加えています。

CONTENTS

COLUMN モラハラ夫と別れるまで

Staff
ブックデザイン／原田恵都子（Harada＋Harada）
まんが／ゆむい
編集協力／鈴木彩乃
校正／玄冬書林
DTP／株式会社昭和ブライト

CASE 01

”論破履き違え“夫

支離滅裂な3時間超え説教、シメは金切り声で「これだから女は」

すごいわね～
大学院卒でシステムエンジニア？
大したことないですよ。
本当は研究職になりたかったので…
それに兄の方が優秀です…
じゅうぶん立派なのに謙虚なのね～
誠実そうな人だね。
周囲からの評判も良く、文句なしの人柄。
病気の父と家計を支える母のためにも、
早く結婚して両親を安心させたかった。
おめでとう！
マッチングアプリでこんな知的な人と出会えるなんて、
運が良かったな。
リンゴーン
親族のみ
旦那さんの席、友だち来てないんだね…

結婚生活が始まると…
コーヒーには色素沈着を起こす成分が含まれているのを知らないんですか？
ここにほこりがあると発火して火事になる可能性が高いのに、
どう考えているんですか？
君は数学を学んでこなかったんですか？
義務教育の敗北ですね。
家計簿
ごめんなさい。
とりあえず謝っとけば許されると思ってませんか？
長いときは3時間を超えるお説教。
これだから女は!!
私がもっとちゃんとしてれば…
嫁父
こんなに何もできない娘を嫁に出した責任をどう取ってくれるんですか!?
お父さんは体が悪いんだからそのぐらいにして。
うるさい!!
バカ!!
マヌケ!!
ドッ
ドッ
このままじゃ子どもにも矛先が向かう。
もうダメだ、離婚しよう…！
脳無し
クズ

CASE 01

〝論破履き違え〟夫

特徴

- 結婚までの印象は〝知識が豊富なすごい人〟
- 説教が始まると3時間超え
- なぜか出身校を隠したがる

豊富な視点と鋭い言葉で議論の相手を言い負かす。そんな「論破」がブームとなって久しい昨今、夫婦間や家庭内においても、会話でマウントを取ろうとする〝論破履き違え夫〟の存在が目立ってきています。

●3時間を超える説教に動悸が止まらず

「頭がおかしくなりそうです……」と法律相談にやってきたのは、専業主婦のA子さん（26歳）。2年前に、システムエンジニアとして働く3つ年上の夫と結婚して、1歳になる男の子がいます。二人の出会いはマッチングアプリ。夫は誠実そうな見た目で有名な大学院の出身。最初は優しかったのですが、結婚すると豹変《ひょうへん》。ささいなきっかけで妻を責めるようになり、A子さんは、毎日のように夫からの説教や暴言を浴びてきたそうです。

飲みかけのカップを放置しておくと「なぜすぐ洗わないのか、コーヒーには色素沈着を起こす成分が含まれているのを知らないのか」から始まり1時間。外出中に急な雨で洗濯物が濡れれば「なぜ天気予報をチェックしないのか。雨水には大気中のちりや排気ガスが含まれているのを知らないのか」と言い出し、そこから2時間。

テレビ裏のコンセントにほこりがたまっているのを見つけた時は、説教がついに3時間を超えました。「発火の原因になると理解できないなんて、君は一体義務教育で何を学んできたのか」「家を火事の危険にさらした責任をどう取るのか」など、A子さんを責め続けました。謝ってもほこりを掃除しても夫の怒りはおさまらず、その日を境に、夫といると動悸がするようになりました。

バリバリの理系で高学歴。大学では難しい研究もしていたと言うし、知識が豊富なすごい人……。A子さんは、夫をこう思い込んでいました。しかし、説教はいつも長引くにつれ支離滅裂になっていき、A子さんが謝るとその言い方をあげつらい「謝り方が悪い」とさらに怒ります。最後は金切り声で「バカ、マヌケ」「これだから女は」と暴言を吐き、飽きるまで終わりません。

A子さんは「ミスをしなければ怒られない」と考えて、毎日夫を怒らせないよう神経をとがらせていましたが、夫の説教はなくなりません。むしろ怒りの沸点がどんどん低くなっていき、やがてA子さんの両親に電話をかけるようになりました。「こんな娘を嫁に出した責任をどう取ってくれるんですか」と責め、A子さんが「父は体が悪いからそのぐらいにして」と言っても聞かずに、深夜まで両親への説教を続けるようになりました。

父親の病気が悪化したら、そしていつか子どもにもこんな説教を始めたら……。さまざまなことを考えると不安と恐怖に襲われ、一人の時でも夫の金切り声が頭から離れなくなったA子さんは、離れる決断をしました。

●調停が始まると夫の意外な姿が明らかに

私は、A子さんの相談を受けて、協議離婚は難しいと考えました。なぜなら論破するタイプは、およそ話し合いができる相手ではないからです。そのため調停での離婚を目指して準備を進めていきましたが、A子さんは「夫はとても頭がいいから先生も言い負かされてしまうかも」と何度も不安を口にしていました。

実際、子どもを連れて夫と別居を始めたA子さんが離婚調停を申し立てると、夫から長文の手紙が届きました。「無知な妻を指導しただけです。私の言っていることは科学的に正しいのです」といった弁明がつらつら書かれていましたが、夫からの連絡はそれだけでした。

調停が始まると、夫の意外な姿が明らかになりました。夫は費用を惜しんでか弁護士を立てず一人で調停にやってきたのですが、調停委員とまともに話せないのです。「婚姻は破綻していないので……」「夫婦には同居義務が……」とぼそぼそ話します。ネットで調べた用語を口にしているだけで、自分の意見すらまともに話せません。A子さんが録音していた暴言の音声が証拠として提出されると、調停委員にこれではやり直すのは難しいと説得されて、反論することもなくそのまま折れてしまいました。

論破系の唯一の救いは、理性的だという点です。こうなると夫は、弁護士に依頼するコストや離婚まで妻に支払う生活費を考えて、すぐに離婚に応じました。

●言葉で屈服させようとする背景には歪《ゆが》んだコンプレックスが

実は夫がA子さんに説教をしていた内容は、ネットの知識の受け売りばかりでした。ネットで得た浅い知識をもとに、自分より年下でおとなしい妻に出口の見えない説教をくり返す。それが論破系夫の本当の姿なのです。

多くの場合、その裏にあるのは学歴コンプレックスです。A子さんも、「夫は大学院出身を自慢していたけれど、高校や大学名は頑なに隠していた」と話していました。挫折の経験があり、自分に自信が持てない。そんな人が家庭を持つと、自分の「賢さ」を強調して身近な人を言葉で屈服させようとしてしまうのでしょう。

そしてこのタイプの夫は、職場にも学生時代にも友だちが一人もいないのが大きな特徴です。人との会話に不慣れで、そのため自分の気持ちを伝える手段が支離滅裂な「論破」以外になかったのかもしれません。

とはいえ、論破系夫が強く出られるのは、狭い関係性にある身近な弱い相手だけ。家の外ではおとなしい人と思われていることがほとんどです。A子さんが苦しかったのは、夫の話に耳を傾けようとしていたから。一歩外に出て第三者を交えれば、このタイプは途端におとなしくなります。

こういった二面性には、交際中は気づきにくいものです。最初の判断のチャンスは結婚式。式に呼ぶ友だちがいないと言い始めたら……モラハラ黄色信号かも!?

まとめ

夫の声にばかり耳を傾けず、勇気を出して〝外の人〟を巻き込んでみる

CASE 02

”にわか独自教育“夫

「魚を食べると頭が良くなる」から子どもにはサバ缶、自分は唐揚げ。

始まりは お見合いだった。
華々しい プロフィール…！
理系メーカー勤務
この人と結婚して 子育てしたら、
ドキドキ
きっと賢い子が 育つかも…？
幸い すぐに妊娠。
やったー!!
今日もちゃんと 胎教やったか？
英語の絵本の 読みきかせ。
ehon
ああ… うん。
欠かさず 続けるんだぞ。
子どもが 2歳になると、
先取り教育が 肝心だ！
3+8=
5+2=
幼稚園に 上がると、
2×3が6、 2×4が…
う〜んと…
8だろう!!
なんで こんなことも わからないんだ!?
バン
罰として 玄関で立ってろ。
うわ〜ん
夕飯は 抜きだ！

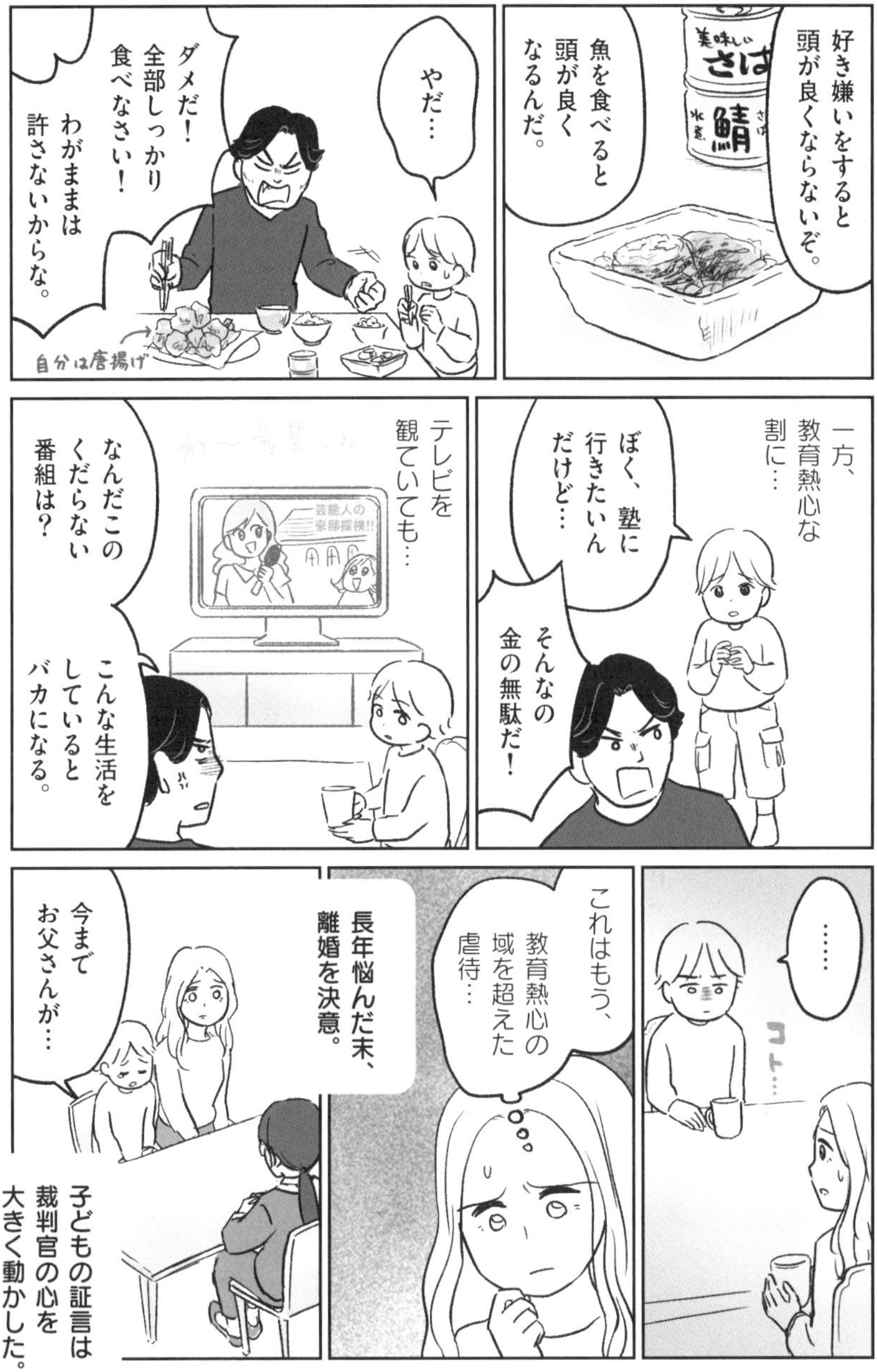
好き嫌いをすると頭が良くならないぞ。
美味しいさば
鯖
水煮
魚を食べると頭が良くなるんだ。
やだ…
ダメだ！全部しっかり食べなさい！
わがままは許さないからな。
自分は唐揚げ
一方、教育熱心な割に…
ぼく、塾に行きたいんだけど…
そんなの金の無駄だ！
テレビを観ていても…
芸能人の豪邸探検!!
なんだこのくだらない番組は？
こんな生活をしているとバカになる。
……
コト…
これはもう、教育熱心の域を超えた虐待…
長年悩んだ末、離婚を決意。
今までお父さんが…
子どもの証言は裁判官の心を大きく動かした。

CASE 02

“にわか独自教育”夫

特徴

- 先取り教育への異様なのめり込み
- 誕生日プレゼントは「頭の良くなるパズル」
- 「東大を〝あえて〟選ばなかった」？

モラハラ離婚の案件を担当するうちに見えてきたことがあります。それは、モラハラ夫にはいくつもの共通点があること。なかでも、非常によく見られる異常な教育熱心さが引き起こした事例をご紹介しましょう。

B美さんは、地方女子大出身の27歳。小さな頃から夢だった子ども教育に関わる仕事に就《つ》いて5年目、知人の紹介で現在の夫と出会いました。4歳上で地方国立大学の出身、医療機器メーカー勤務。すぐに「優秀そうな人だから教育にも興味がありそうだし、子どもも頭のいい子に育つかも」と、お見合いからトントン拍子に結婚へと進みました。

●テーブルを叩き「こんなこともわからないのか！」

子どもを授かると、夫はまず、胎教にのめり込みました。クラシック音楽を流すこと、一日5冊、英語の絵本の読み聞かせをすること。この2つを、出社前に必ず指示するのです。そして帰宅後の第一声は「今日もちゃんと胎教をやったか？」でした。夫の教育に対する想像以上の熱量に驚きながらも、その熱心さをほほえましく思っていたのですが……。生まれた男の子が3歳になった頃から、違和感を覚え始めたと振り返ります。

夫は長男に先取り教育を開始。足し算、引き算、五十音の暗記。幼稚園に入ると次は九九。暗唱につまずくと「2×4は8だろう!? こんなこともわからないのか!」と、テーブルをドンドンと叩いて、ヒステリックに怒るようになりました。九九が終わると次はローマ字。浴室の壁に防水のアルファベット表を貼り、すらすら言えるまで風呂から出しません。長男がのぼせて泣き出したので、B美さんが風呂から出そうとすると、「これからは英語の時代だ! 低学歴が邪魔するな!」と罵倒します。

長男が小学校に入ると、夫の「教育」はさらにエスカレート。誕生日プレゼントは頭が良くなるパズルの本で、それ以外のおもちゃは禁止。トイレの壁には「頭が良くなる風景写真」なるものを貼り付けて、長男がトイレに入ってすぐ出てくると、「写真をじっくり見ないとバカになるぞ」と怒鳴り、またトイレに押し込めます。テストで100点を取れなかったら、長男をクローゼットに閉じ込めて、泣いても出してあげません。このままでは長男がおかしくなってしまうと思い、B美さんは塾に入れることを提案しました。しかし話を聞いた夫は顔をしかめ、「塾はお前のようなバカを相手に金儲《もう》けをしているだけ」「塾講師は応用力のない人間の集まり」と、学習塾への悪口をせきを切ったように言い出したのです。

そこでB美さんは今までの違和感の正体に気がつきました。夫は子どもを賢くしたいのではなく、自分の管理下で何かをやらせたいだけなのではないか。その頃から、長男は父親が帰ってくる頃になるとお腹が痛いと言うようになりました。子どもを泣かせてまで独自教育に走る夫の姿に、真剣に離婚を考えるようになりました。

B美さんから離婚したいと相談を受けた時、争点は子どもの親権になるだろうと考えました。夫は、まさか自分の「教育」が子どもを精神的に追い込んでいるとは思ってもみないはずです。むしろ、妻よりも教育熱心で優秀な自分が育てたほうが子どものためになると言って、親権は自分が持つべきだと主張してくると考えました。

そこで、別居する前にしっかりと証拠を取るようにお話ししました。「算数パズルを解かないとバカになるぞ」と怒鳴って長男にゴミ箱を投げつける音声、泣いている長男が出られないように夫がクローゼットの扉を押さえている動画、テストの結果に「俺の子どもとは思えない」と怒鳴る音声。離婚調停が始まると、こういった証拠を提出しました。夫はモラハラなんてしていない、子どもに勉強を教えていただけだと否定しましたが、こういった証拠を目の当たりにすると、裁判官も「父親と住むほうが子にとって良いことだ」とは言いませんでした。

親権が取れないとわかると、夫は定期的に子どもに会うことを条件に離婚に応じました。親権は無事にB美さんに渡り、長男はのびのびと勉強やスポーツに取り組むようになりました。

●子どもにはサバ缶、自分は唐揚げにビール

独自教育に走るモラハラ夫の背景には、何があったのか。B美さんは「大学の話になると、夫はいつも『東大はあえて選ばなかった』と言っていました」と教えてくれました。東大には偏差値的に遠く及ばないのに「あえて選ばなかった」と説明するところから、この夫が学歴に強いコンプレックスを抱いていることがうかがえます。子どもへの強い態度も、自分のコンプレックスを埋めようとしていたのかもしれません。

この事例以外にも、独自教育系モラハラ夫を何人も見てきました。胎教に始まり、九九の暗唱、速読、日本地図の暗記にとどまらず、独自のドリル作成。小学校高学年に入ると、塾や家庭教師はお金がかかると否定し、タブレット通信教育を開始します。

不思議なのは、教育熱心なわりに中学受験という発想は持ち合わせないところです。自分で対応できる昔ながらの勉強法から先のことには興味がなく、高学年になって難しい問題が出てくると、子どもを怒鳴るだけで解き方を教えることもできません。子どもが塾に行きたいと言っても、「寝ずに勉強をすれば塾に行く必要がない」と時代錯誤の返答をするのです。

また、「魚を食べると頭が良くなる」という夫の信念で、子どもにひたすらサバ缶を出す家庭もありました。子どもは泣きながらサバを食べて、夫はその隣で唐揚げをつまみながらビールを飲むというのです。

教育熱心なのは悪いことではありません。しかし、子どもを毎日泣かせてまで自分のやり方に固執しても、子どもはストレスをためるだけで、成長には逆効果です。行きすぎた独自教育に生活を支配されていると感じたら、子どもに悪影響が出る前に周囲にＳＯＳを出しましょう。

まとめ

教育熱心なのか、こじらせた学歴コンプによる支配なのか、よく見極めて

CASE 03

"「食洗機は敵」家事監督"夫

一瞬の休憩も許されない「家事地獄」、妻の一日は掃除に始まり掃除で終わる。

はい、堀井亜生法律事務所です。
あの…離婚を考えているのですが
家から出られないので親が代理で相談しに行ってもいいでしょうか？
家から出られないというのは…？
掃除を……しないといけないので……
話を伺うと…
!?
ただいま〜
ガチャ
おかえりなさい…
ビクッ
ドスドスドス
はいダメ〜鏡が汚れてる。
ここもダメ〜こういう所にほこりがたまるってわかんない？
ご、ごめん。今日ちょっと具合が悪くて…
家事を怠けた言い訳に仮病使うなよ。
嘘じゃないよ。これ、病院の領収書…
はあ!?もったいない！
主婦のくせに家事を完璧にやらないなら家にいる意味なくない!?

子どもができてからも…

ファミサポ？保育園？

自分が怠けるためにもう一人家政婦を雇うつもりか？俺からしたら部下が部下を雇うようなものだ。

論外！

てか早く泣きやませてよ うるさいな
じゃあせめて食洗機を…

楽するためにそんな贅沢品は許さない！

パートを始めたら自分で買おう…

しかし貯金をして便利家電を買っても…

なんだこれ!?

勝手に無駄づかいするなよ！

怠けてないでもっと頑張る努力をしてくれよ！

ウィーーー
家事をちゃんとやれないならパートもやめろ！

仕方なく家にこもり怒られないように家事をし続けていると…

この給料泥棒!!

私…このままじゃダメだ…！

CASE 03

夫

“家事監督「食洗機は敵」”

特徴

- 家具家電付き戸建てと車を一人で購入
- 便器裏までチェックする〝家事監督〟ぶり
- 「掃除があるので家から出られません」？

やり始めたらきりがない家事。特に共働きや子育て中の家庭には、大きな負担となりがちです。時短や効率化を叶える便利家電も多数登場していますが、「手間と時間をかけてこそ」がモラハラ夫の思考であり――。

知人の紹介で夫と知り合ったというC代さん。当時26歳、結婚を意識し始めた頃でした。8歳上の電機メーカーの会社員という大人で堅実そうな雰囲気に、安定した結婚生活を期待して交際に発展。互いに実家暮らしのため、デートは主に週末の昼間。ランチデートで関係を深めていきました。

結婚が決まると、夫はすぐに郊外にある中古の一戸建てを購入。最低限の家具と家電、そして車まで用意してあったそうです。C代さんは、その手際の良さに感動。どれも中古品や型落ち品で揃えていましたが、そのあたりも堅実さの表れと感じていたそうです。

結婚後まもなくすると、夫はC代さんの家事を監視するようになります。整理整頓されているか、食事をしっかりつくっているか、掃除が行き届いているか。トイレの便器裏から窓枠のほこりまで毎日チェックします。結婚するまで家事の経験がほとんどなかった彼女は「専業主婦はそこまでやるのが普通なのか」と思い込み、ほぼ一日中、掃除をし続ける日々が始まりました。片付け、掃除、最寄り駅までの車での送迎、買い出し、食事の準備、洗いもの、また掃除……。

朝から晩まで動き続けているため、夫が帰宅する頃にはくたくたです。疲れてソファで横になろうものなら「怠けている」と注意されるため、洗っておいた食器を拭いたり、取り込んだ洗濯物を畳んだり、夫が寝るまで手を動かし続けるのが日々のルーティンでした。

それでもまだ夫婦二人の生活だったから頑張れたんです、とC代さんは振り返ります。子どもが生まれると、産後すぐで体調がままならない時も、夜泣きが続いて睡眠不足の時も、子どもが動き出して目が離せなくなった時も、夫の家事監督は続きました。疲れ果てたC代さんが、友人から購入して便利だったと聞いた食洗機を買ってほしいと頼むと、夫は火がついたように怒り出しました。「専業主婦のくせに家事を怠けて、お前なんて生きてる意味がない」「必要な家電は全部揃えてやったのに何が不満なんだ」。今までにない剣幕で怒る夫を見て、家電を買ってほしい、家事がつらいとは二度と口にできなくなりました。

ある日、夫の帰宅まであと30分と迫るなか、慌てて棚裏のほこりを掃除していた時、突然子どもの泣き叫ぶ声がしました。目を離したすきに転んで、棚の角に頭をぶつけてしまったのです。大事には至りませんでしたが、大切な我が子から目を離してまで夫におびえて家事をする生活を疑問に思うようになり、C代さんは誰かに相談しようと決意したのです。

●まずは離婚より別居を優先

それでも、C代さんの道のりは大変なものでした。事務所に届いた予約メールには「掃除があるので事務所には行けません」と書かれていました。当初、一瞬戸惑いましたが、すぐにこれはモラハラの案件だと察しました。

C代さんは「家から出られないので自分の友人に代理で行ってもらう」と言っていましたが、こういった相談は本人から事情を聞かないとなかなか実態がつかめません。友人を交えて連絡を取り、夫に知られないように外出の段取りを整えて、ようやく対面で相談を受けることができました。

話をするなかで、C代さんは離婚に対しては消極的なことがわかりました。一方で「一日中掃除をしているのが本当につらい」「家に縛りつけられているようで苦しい」と何度も口にします。となると離婚ではなく、まずは別居をすればC代さんの悩みは解消できるかもしれないと考えました。

動画と音声で、夫のモラハラ的な言動の証拠を残して、同時に財産分与の資料も集めます。そして別居の意思と弁護士が代理人になった旨を伝える手紙を置いて、C代さんは子どもと一緒に家を出ました。

当日、夫の帰宅時間ぴったりに、C代さんの携帯に夫から着信が。続けて何度か鳴ったあとは、メールの嵐です。返信がないとわかると、ようやく私の事務所に電話がきました。妻と直接話をしたい、話せばわかると、対面の機会を求めるのがモラハラ夫のデフォルトなやり方です。期間は人によってさまざまですが、直接の対面を断っても、短くて3日、長くて1か月間、謝罪のような動画やメール、時には手紙を送り続けます。

「謝罪」ではなく「謝罪のような」とするのは、ただ自分を正当化する文面でしかないからです。「私に養われる身のあなたが家事や育児の手を抜くのはおかしいと思いませんか」「至らないあなたを指導するつもりでつい怒りましたが、あなたのレベルには厳しすぎたかもしれませんね」と、およそ妻に帰ってきてほしいとは思えない内容で、こういったところからも、日頃、妻に対して高圧的な態度で接していたのが見てとれます。

このケースでは、調停で婚姻費用が決まったあと、籍は抜かずに別居を続けることになりました。夫の収入が高いため、安定して婚姻費用をもらうことができれば、C代さんと子どもが新しい生活を始められるからです。

後日事務所に来たC代さんは、「ずっと家事のことで頭がいっぱいだったから、そのプレッシャーから解放されて本当に幸せです」と、笑顔で話してくれました。夫に知られないようにと相談にやって来たあの日とは、まるで別人のようでした。

モラハラ夫は、家事は妻の業務と考えています。妻のことは家族というよりも、自分の家で働く従業員と思っているのかもしれません。だから、家事を完璧にこなさないのは業務怠慢、手間を省いて時間を有効に使おうとするのは給料泥棒、そして便利家電は業務を怠けるためのツールと考えて敵視するのでしょう。そこまでして妻を家に縛りつけて何が得られるのか、夫自身にもよくわかっていないかもしれません。

まとめ

夫のモラハラ度を測るには、「食洗機」がバロメーターかも

COLUMN 1

モラハラ夫と別れるまで 1

「モラハラでは離婚できない」のか

「モラハラでは離婚できないとネットに書いてありました。他の弁護士にもそう言われました」――相談者の皆さんからよく聞く言葉です。

「モラハラでは離婚できない」。その情報が一人歩きしているため、激しいモラハラを受けている人が、「でもモラハラだから離婚できない」と我慢してしまうという、本末転倒な状態になっています。

「モラハラでは離婚できない」とは、実際にはどういう意味なのでしょうか。そして本当に離婚できないのでしょうか。それを解説するために、まずは一般的な離婚の手続きについてお話しします。法律的な話なので少し難しい説明になりますが、大切なことなのでぜひお読みください。

一般的な離婚の手続き

離婚の主な手続きには、協議離婚、調停離婚、裁判離婚があります。協議離婚とは、調停や裁判をせず、夫婦の合意で離婚することを指しています。日本の離婚のうち約90％は、この協議離婚です。

調停とは、家庭裁判所で話し合いをする手続きで、離婚のうち9％は調停離婚です。裁判官が判決を下すのではなく、調停委員を交えて話し合いを行い、当事者同士での合意を目指す手続きになります。

調停でも合意が得られない場合は、裁判を行います。裁判で離婚原因があると認められれば、離婚を認める判決が下されます。裁判までもつれ込むのは全体の1％なので、離婚の中ではレアケースといえます。

モラハラ夫と別れるためには、これらの手続きの過程で離婚することを目指します。モラハラ夫の特性から、他の事案と比べると協議離婚は難しいですが、調停まで進めば、多くの場合、離婚が成立します。

それでも離婚を拒否された場合は裁判をするのですが、どういう場合に裁判で離婚できるかは民法に定められています。離婚原因にはいくつかの種類があり、民法第770条第1項では、①不貞《ふてい》行為、②悪意の遺棄《いき》、③3年以上の生死不明、④回復の見込みのない強度の精神病、⑤その他婚姻を継続しがたい重大な事由《じゆう》がある時の5つが規定されています。

「モラハラにあたる行為」を理由に離婚は可能

不貞行為以外の②から④が離婚原因になることはまれで、多くの離婚裁判では、⑤の「婚姻を継続しがたい重大な事由」があるかが争点になっています。これは一般的に、「婚姻関係が破綻して、回復の見込みがないこと」を意味します。夫婦のどちらが良い悪いということではなく、夫婦関係が客観的にやり直しのできない状態にあると認められれば、離婚を認める判決が下るということです。

典型的なのは暴力や借金ですが、暴言や嫌がらせによって精神的虐待に至るほどの言動があると立証できれば、夫婦関係が破綻していると認められて、離婚の請求が認容されます。そのため、皆さんがモラハラと呼んでいる個々の言動を立証できれば、離婚はできるのです。

ただし、裁判の実務上、モラハラを定義付けたうえで、「これはモラハラにあたるので離婚を認める」と明言した判例はまだありません。なので、「モラハラで離婚できますか」という相談を受けた弁護士は、それを字面通りに解釈して、「モラハラが認められて離婚できた判例はない」と説明しているのだと思います。

一方、モラハラという言葉の意味が広すぎて、単なる夫婦げんかや価値観の違いを「夫にモラハラされています」と表現する相談者も少なからず存在します。弁護士の中には、そういったケースも見ているために、「モラハラくらいでは離婚できない」と答える人もいるのだと思います。

これが、世間で言われている「モラハラでは離婚できない」の実態です。モラハラという言葉が判例で明言されていないだけで、モラハラに該当する行為を理由に離婚が認められている裁判例は多々あります。

そしてもう一つ大事なことがあります。もし裁判で夫の言動が立証できなくても、3～5年ほど別居をしていれば、夫婦関係破綻の一事情となって、判決で離婚が認められやすくなります。つまり、証拠がなくとも、別居さえすればいずれ離婚できるのです。

スタートを切れば必ずゴールにたどり着く

ここまで読めば、「モラハラでも離婚ができる」とおわかりいただけたと思います。5年も待てないと思う方もいるかもしれません。もちろん弁護士は、少しでも早く解決するために、しっかり証拠を取り、モラハラ夫と戦う方法を考えて進みます。

生活が心配なので別居は難しいと考える方もいますが、離婚が成立するまでは、別居中の生活費（婚姻費用といいます）をもらうこともできるので、堅実に暮らせば生活ができる仕組みになっています。

もちろん、モラハラ夫を相手にしているので、スムーズに行くとは限りませんが、離婚が成立するまでは、自立のための準備期間、モラハラから逃れて自分を取り戻すための期間と前向きに考えてください。

本書でご紹介する事例のように、モラハラ夫のタイプやその反応はさまざまです。弁護士の介入ですぐ離婚できたものもあれば、裁判になったものもあります。妻には高圧的だった夫でも、裁判官や弁護士にはたてつけず、調停でおとなしく離婚する場合もあります。

いずれにせよ、スタートを切れば必ず離婚というゴールにたどり着くことができます。だから諦めず、第一歩を踏み出してみてください。

CASE 04

“「質素こそ正義！」美容禁止”夫

ボロボロな姿で相談に現れた妻、第一声は「美容院に行きたいんです」

母にも離婚を勧められて…
よろしくお願いします…
ボロ…
この女性…すごくボロボロ……どうして?

こちらへおかけください。
ボロ…
母にも離婚を勧められて…
よろしくお願いします…
この女性…すごくボロボロ……どうして?
夫の第一印象は質素で堅実。
銀行勤めで今は社宅に住んでいる。
プログラム系職
ヒソ…
あそこの嫁はいっつも派手ではしたないな。
お前があんな服を着たら、離婚だからな。
フンッ
嫁を好き放題させてるアイツらは、
家庭の管理もできない腑抜けだ!
夫は家庭の全てを監督するようになり、
なんだこの派手な服?
どこで買った?
いくらした?
なんで買った?
そんな暇があるのか?

下着も
すり切れているし
髪も伸びっぱなし
…だけど、
お前の下着なんて誰も見ないだろう。
美容室も無駄づかいだ。
家計からは絶対出さないからな！
実家へ帰った時にこっそり美容室に行こう…
育毛剤は家計から
プチュ プチュッ
久しぶりだね、忙しかったの？
ただいま…
たまに帰省してくる娘の身なりが、どんどんみすぼらしくなっていく。
もしかして…家計が苦しいの？
お母さん………
実は………っ
ええ…!?
その後、弁護士を介し、
夫とは別居へ進展。
今は、好きなものを買えるんです。
すごく楽しいし、うれしいです！

CASE 04

”「質素こそ正義！」“夫
美容禁止

特徴

・口座の場所は知らされない
・美容院や化粧品は無駄遣いだから禁止
・社宅の中で「ボロボロ」を強制

妻らしく、母らしく。時代は変わったと言われても、女性に対して、理想像を押し付けてくる人はいます。それが結婚相手だとしたら……？　夫からの抑圧で失った「自分らしさ」を、取り戻すまでの事例です。

夫婦の出会いは3年前。結婚相談所のお見合いでした。家庭的な性格で、専業主婦志向が強かったD子さん（31歳）。大手銀行員という男性と会ってみると、なかなかに素敵な人で、性格面も堅実そう。そのまま交際に発展して、数か月後には入籍。銀行の社宅で新婚生活が始まりますが……。

まず夫から告げられたのは、「銀行員の家庭は夫が家計管理するのが普通。銀行員にとって口座の場所は機密事項だから、夫婦でも教えないという内規になっている」ということでした。そういうものなのかと夫の説明を受け入れ、D子さんは毎月決まった額を夫から渡され、そこから食費や日用品を購入することになりました。

社宅は妻同士の交流が盛んで、夫からは出世に関わるから参加するように言われました。人づき合いは苦手なD子さんですが、頑張ってお茶会に出ているうちに、自分だけが毎回同じ服なのが気になり始めました。ある日、夫に新しい服が欲しいと話すと、「別に同じ服でいいだろ、誰も見てないよ」と気がなさそうな答えが返ってきました。

D子さんは、結婚して以来、洋服を買っていませんでした。渡されるお金は生活費でぎりぎりで、自分のものを買う余裕がなかったのです。一方夫は、営業職だからとブランド品で身を固めています。

さすがに恥ずかしくなってきたD子さんは、独身時代の貯金で柄物のワンピースを買いました。帰宅した夫に見せようとショップの紙袋を出すと、夫の表情が一変。「何だそれは」と紙袋を奪われました。中から出てきた柄物のワンピースを見て、夫は激高。「こんな派手な格好するな、浪費家の嫁がいると思われるだろう！」とワンピースを投げつけました。自分だけいつも同じ服で恥ずかしい、あなたはブランドのスーツを着ているじゃない……とD子さんが泣きながら話すと、夫は「専業主婦のくせに銀行員の俺に口を出すのか」と一言。この件を皮切りに、夫の度を越えた質素倹約と理想像の押し付けが加速していきました。

●ダサいとか垢抜けないではなく、今どき「ボロボロ」

イヤリングをつければ「下品だ」とののしられ、下着を新調すれば「浮気でもするのか」と疑われる。化粧品を買うことも、美容院で髪を切ることも、全て主婦には不要の無駄づかいと禁止されます。次第にD子さんの心は沈んでいき、全ての外出がゆううつになっていきました。

美容室に行くのは実家に帰省した時だけ。化粧品は自分の貯金からこっそり購入します。ある時ついに貯金もなくなり、両親に相談すると「旦那さんは銀行員なのに、なんでそんなにお金がないの？」と言われました。これまでのつらさが一気にこみ上げて、D子さんは号泣してしまいました。ぎりぎりの生活費しかもらえない、自分で買っても怒鳴られるとようやく打ち明けたD子さんは、両親とともに私のところに相談に訪れました。

相談に来たD子さんの姿は、一言でいうと「ボロボロ」でした。ダサいとか垢抜けないとか時代遅れとかではなく、「ボロボロ」なのです。毛玉だらけのニット、履きつぶれた靴、頭にはたくさんの白髪……。33歳という実年齢よりもはるかに上の印象を受けました。D子さんがまず口にしたのは、離婚でも別居でもなく「美容院に行きたいんですが、どうしたらいいでしょうか」という言葉でした。話を聞くと、夫に物を買うことを許されなかったエピソードが出るわ出るわ……。写真を見せてもらうと、夫は身なりの良い銀行員風《ふう》で、とても妻にこんな古風な強制をしている人には見えません。夫の母親もとても質素な人だったそうで、夫は自分の中の「質素な妻像」にD子さんを当てはめようとしているように見えました。

●キャラクターもののポーチを見せてはしゃぐ姿に

D子さんに、夫との生活費の話し合いを提案すると「お金の話をしたら何をされるかわからない」と言いました。まだ若く、子どももいないため、D子さんが実家に戻ったあと、夫に対して離婚調停を申し立てました。

夫は「離婚には応じるが、財産の額は教えたくない。代わりに解決金として100万円を支払う」と言ってきました。しかし、勤務先の銀行に口座があることは確実で、隠し続けてもいずれ強制的に開示されると伝えたところ、しぶしぶ財産の資料を提出してきました。夫が婚姻中に貯めた預金は数百万円ありました。夫は財産を隠したまま、半分よりはるかに少ない額の提案をして離婚しようとしていたのです。裁判官から夫への説得もあり、最終的にD子さんは、夫が貯めた預金を半分もらって離婚できました。

今どきこんな夫が本当にいるの？　と思うかもしれません。しかし、妻にスカートを履くな、化粧をするなと禁止するタイプの夫は今もいます。生活費を渡さないのはモラハラ夫の常とう手段ですが、このタイプの夫にはさらに嫉妬による束縛も加わっています。LINEなどのやりとりを見ても、「妻は慎ましくして家を守り、夫だけに尽くすもの」という昨今むしろ珍しい価値観にとらわれていることがわかるのです。

派手にするというほどでなくても、化粧をして好きな服を着ることは、多くの女性にとって大事なアイデンティティです。それを厳しく禁止されるのは本当につらいもので、このタイプのモラハラを受けている妻たちは、皆さん生気がなくなってしまった顔で相談にやってきます。

離婚後に挨拶に来たD子さんは、可愛いキャラクターの描かれた化粧ポーチを私に見せて、「先生、これ買っちゃいました！　可愛いでしょう？」とはしゃいでいました。高い服を着ているわけでも、派手なメイクをしたわけでもありません。でも、好きなものを買って身につけるだけで、こんなに人は生き生きとした姿になれるのだと驚きました。

まとめ

質素の名のもとの美容禁止モラハラは嫉妬とケチの合わせ技

COLUMN

モラハラ夫と別れるまで

2

人づき合いのない夫に潜む危険

ここまでの事例でも出てきたとおり、モラハラ相談で最もよく聞くのは「夫には友だちがいないんです」という言葉です。大人になって学生時代の友人との関係が薄くなる人は多いですが、モラハラ夫の場合は少し違います。そもそも友だちらしき人が一人もいないのです。

友だちがいないだけでなく、会社の同僚とのつき合いも全くない、と相談者の皆さんは口を揃えます。そのため夫は、仕事が終わるとまっすぐ帰宅。毎日きっちり17時半に玄関のドアが開きます。週末も趣味や遊びで家を空けることはありません。

友だちがいない。人づき合いがない。趣味がない。この3拍子が揃った時、モラハラの危険信号が点灯します。

「いつでも会える」に潜む危険

どれも結婚前に気づけそうと思うかもしれませんが、案外気づかないものです。というのも交際中は、相手の生活を全部見ているわけではないからです。

声が聞きたくて電話をしたら必ず出てくれるし、メールやLINEも即レス。デートしたいと言えば全部予定が合います。彼女ファーストで尽くしてくれる「最高の彼氏」と思って結婚しますが、実際は友だちがいなくて趣味もなく、スケジュールが白紙なだけだったのです。

友人や同僚だけでなく親との関係性が壊れている人も多いです。「親と縁を切っている」と聞いても、意外と交際中はあまり深く考えなかったと相談者の皆さんは言います。むしろ、「結婚したあとに面倒な親戚づき合いがなくていいかも」と感じるそうです。

しかし、いざ結婚してみると、夫に人づき合いのないことが途端につらく感じられるようになります。なぜなら自分の時間が持てず、家にずっといる夫に生活のペースを合わせなければならないからです。

想像してみてください。暗くなるより前に帰宅して、ただ不機嫌そうにソファに座って「ご飯を作るのが遅い」「一日家にいたくせにゴミが落ちているぞ」と、ネチネチ文句を言う夫。夫は昼はお弁当持参で、仕事終わりに飲みにも行かないため、朝・昼・晩と毎日必ず3食準備しなければいけません。息抜きに外食したいと言うと「家で食べたほうが安上がりだ」と怒り出します。妻が休日に友だちと出かけたくても、「誰と行くんだ」「交通費がもったいない」「時間の無駄だ」と小言が始まり、家にいることを要求してくるのです。考えただけで、息が詰まりますよね。

サインが出るのは、結婚式

相談者の多くが、「今思うと夫は結婚式に呼べる友だちがいなかった」と振り返ります。そのため、夫が式は挙げないと言い出した、式は挙げたが自分は呼ぶ友だちを大幅に減らした、友だちは呼ばずに親戚だけで式をしたといった話が出てきます。なかには、人数のバランスを取るために、夫の友人としてサクラのバイトを呼んだという人もいました。

ポイントは、友だちが多いか少ないかではなく「一人でも友だちがいるかどうか」です。ゼロと1では大違いで、これまでの人生で友人と呼べる存在が一人もいない、誰も彼に寄り付かなかったということは、よほどのことです。交際中は軽く考えがちですが、友人だけでなく親ともうまくいかない人が、果たして妻や子どもとうまくやっていけるでしょうか。違和感を覚えたら、一度結婚について真剣に考えてみてください。

CASE 05

"地方名家の二世"夫

長男が同級生に放った「お前なんて俺の寄生虫」、それは夫の口癖だった。

ドーン
ここは、お城かな…？
夫の実家は地方名士的な家柄で、
代々不動産業を営んでいる。
裕福な暮らしをできるのは良かったけど…
バン
ドカッ
おい！帰ったぞ！
ちょっと…何時だと思ってるの？
うるせーな！お前みたいなカスを拾ってやったんだから感謝しろ!!
お前もお前の親も俺の寄生虫だ！
酔〜ッ
病気がちの両親のために援助してもらっている手前、
グッ…
文句は言えない。
また浮気……もういい加減にして！
子どもたちが傷ついてるんだよ!?
バ
謝りゃいいんだろ！
ガチャ
しばらく本家に帰るわ。
えっ。

義母
あんた、長男の嫁って自覚ないの!?
私はもっとひどい目に遭ってきたけど我慢してきたの。
あんたには甲斐性がない。
義姉
家まで建ててあげたのに追い出すなんて!
文句があるなら自分が出て行きなさいよ。
くり返される浮気と暴力。
その度に指輪やブランド品をプレゼントされたけど…
娘と息子の扱いの差に嫌気が差し、
離婚を考えるように。
離婚?
長男は跡取りとしてこっちによこせ!
このままだとこじれる…
財産分与も見込めなさそう。
ならば子どもを連れて別居して、婚姻費用をちゃんともらう方向で…!
ぐ…っ
結婚して25年がたった頃、
子どもが社会人になってから離婚した。

CASE 05

”地方名家の二世“夫

特徴

- 跡取り息子として溺愛され育つ
- 「金さえ払えばいい」という思考
- 地元の弁護士は夫の味方

ひと口にモラハラ離婚といっても、いろいろな類型があり、だからこそ夫との交渉にもいろいろなアプローチがあります。相手の性格や家庭の事情など、いろいろな要素を考えて戦わなければなりません。

E美さん（47歳）の夫は、地方名家の生まれ。祖父の代から続く建設会社の社長を務めています。結婚21年で、子どもは高校2年生の長女と中学1年生の長男の二人。夫の実家と同じ敷地にある家に住み、生活費もきちんと渡されます。周囲からは「玉の輿に乗ったね」とうらやましがられる生活を送ってきました。

夫は表面的にはいい人ですが、跡取りの長男として親から甘やかされて育ったためか、道徳的な面に問題がありました。特に酒癖が悪く、会合と言っては遅く帰り、鍵を忘れてドンドンと家のドアを叩きます。そしてリビングに寝そべると、「お前みたいな田舎者を拾ってやったんだ、感謝しろ」「お前の家族は寄生虫だ」と罵詈雑言《ばりぞうごん》の嵐。夫とその両親は、跡取りの長男を溺愛《できあい》して、プレゼントやお年玉の金額も長女と差を付けます。夫は長女に学費は出すものの、良い成績をとっても「勉強ができると将来嫁に行けないぞ」と言うことも、E美さんの悩みの種でした。

夫の言う通り、E美さんの両親は夫の家から経済的な援助を受けています。弟の就職先も紹介してもらいました。両親や弟の生活を考えると、E美さんはどんなにつらくても夫に言い返すことができませんでした。

●心を閉ざす娘、夫に似ていく息子

会社の部下やスナックの女性との不倫は日常茶飯事。ある日、E美さんが「娘が多感な年頃になってきたので少し考えてほしい」とたしなめると、夫は「謝ればいいいんだろ！」と怒鳴りました。そして寝ていた子どもたちを起こすと、3人の目の前で50万円をテーブルに叩きつけ、同じ敷地の実家に帰り、「嫁に追い出された」と義理の両親に言いつけたのです。

翌朝、義母が訪ねてきました。謝りに来たのかと思いきや、「私はもっとひどい目に遭ったけど我慢してきたのよ。この程度のことで騒がないで」「あなたの実家の面倒も見て、家まで建ててあげたのに」「不満なら長男を置いて出ていきなさい」……。信じられないような言葉を延々と浴びせて、泣き出すE美さんを尻目に帰っていったそうです。夫はその夜、何事もなかったかのように帰宅しました。

それ以来、夫は不倫をしてE美さんに注意されるたびに、ブランドのバッグや服を買ってきて、「これでいいんだろ」と開き直るようになりました。物が欲しいわけではない、不倫をやめてほしいと言っても、聞いてくれません。友人に相談しても、「バッグがもらえるなら私も浮気されたいわ」「あなたも遊べばいいのよ」と、わかってもらえません。一生我慢すると覚悟していたE美さんでしたが、子どもが成長すると事情が変わってきました。

夫や義理の両親に冷たくされ、父親の不倫まで目の当たりにした長女は、不登校気味に。一方、夫とその両親に甘やかされた長男は、自分勝手な振る舞いが目立ち始め、学校でたびたびトラブルを起こします。学校から呼び出されて、長男が同級生に「お前なんて俺の寄生虫だ」と怒鳴ったと聞いて、子どもたちの将来はどうなるのだろうと焦りを感じました。

E美さんから相談を受けた時、「地方在住なのになぜ東京の弁護士に？」と聞きました。「地元の弁護士は夫の家とつながりがあるので怖いです。東京の弁護士ならと思ったんです」という返答に、E美さんが地域社会のなかで一人追い詰められてきたことがうかがえました。

●ゴールは離婚ではなく別居

苦労して育ったE美さんは、地方の名家に生まれた夫を、頼もしく思って結婚しました。しかし夫の知り合いから、お酒でトラブルを起こしては親がお金で解決してきたと聞いて、夫の金払いの良さは「金を払えばいいだろう」という考えから来ているのだとわかりました。

E美さんは、とにかく子どもを連れて夫から離れたいと望んでいました。しかし、夫がE美さんたちの別居を手放しで許すとは思えません。そこで、夫の今までの言動を元にE美さんと作戦を練りました。夫は不倫や暴言はひどいものの、子どもたちの教育費用は惜しまず出しています。また、夫は長男を跡取りにと考えているので、離婚を切り出すと、長男の親権を主張してこじれる可能性があります。E美さんにも、子どもと父親の関係を断ちたいという気持ちはありませんでした。

そのため、離婚を切り出さずに、子どものために別居したいこと、今後も子どもとは自由に会ってもらいたいことを告げました。夫は最初反発しましたが、子どもの精神状態が不安定なことは知っていたので、最終的には別居先の家賃と生活費を負担すると言ってくれました。義母は別居なんて恥ずかしいと反対しましたが、子どもは自由に行き来させますと言うと、意外とすんなり受け入れてもらえました。

こうしてE美さんと子どもは家を出ました。夫の体裁もあるので、転校しないで済む程度の距離に部屋を借りて、夫と子どもは交流を続けています。E美さんも子どもも、少しずつ落ち着きを取り戻しています。子どもが成人したら離婚することも考えて、E美さんは仕事を探し始めました。

モラハラ夫と離婚する場合、切り出し方しだいでその後の展開は変わってきます。そもそもモラハラをするような人は、それを指摘されると反発したくなるので、証拠を突きつけるだけでは、怒って生活費を止められたり、言った言わないという水かけ論になったりします。もちろん、しっかりとモラハラを指摘して戦うべき時もありますが、相手の性格や依頼者の希望によっては、夫を納得させて円満に別居したほうがよいケースもあります。対立することよりも、うまく距離を取ることを優先して、家族が落ち着いたという事例でした。

まとめ

「円満別居」も、モラハラ夫との賢い距離の取り方の一つです

COLUMN

モラハラ夫と別れるまで 3

具体的な「証拠」の集め方

インターネットで「モラハラ　離婚」と検索をしたら「モラハラで離婚はできない」と書いてありました。市町村の法律相談に行ったら、弁護士からもモラハラでは離婚できないと言われました……。私のところに相談に来て、そう話す人がたくさんいます。結論から言うと、モラハラで離婚することはできます。が、そのためにはいろいろと準備が必要で、特に重要なのが、夫が妻に対してモラハラをした証拠集めです。「離婚したいなら証拠を取ってきてください」と漠然と言う弁護士がいるそうですが、具体的な証拠の取り方まではアドバイスしてもらえないようです。なかには、日記をつけるように言われたという人はいましたが、日記そのものの証拠価値は低いと思われます。

日記より、録画・録音・メール・LINE

「□月×日　夫は朝から機嫌が悪い。夜に長時間怒鳴られた」

このような記録は、自分自身の記憶や時系列の整理には役立ちますが、それだけではその事実があったこと自体は証明できません。

弁護士の視点で必要と思うのは、録画・録音、それからメール・LINEです。どれもスマホ1台で残せる記録です。

怒鳴られたというメモと、実際に怒鳴っている音声では、裁判官に与える印象が全く違います。またメール、特にLINEは会話の流れや連絡の頻度をひと目で把握できるため、モラハラ夫の人柄や、その夫婦の関係性が立体的に浮かび上がってきます。最近は判決でLINEやメールが引用されることも多いため、データ保存とスクリーンショットで残しておきましょう。夫にスマホをチェックされそう、没収されそうという場合は、協力してくれる親や友人に転送しておくと安心です。録音にはICレコーダーを使うのもお勧めです。

証拠を取っても、読むのがつらいと言ってデータを消してしまう人がいます。しかし、戦うためには、つらいと感じたことこそ残しておかないと意味がありません。どうしても目に入れたくないのなら、どこかにバックアップしてからスマホから削除するか、誰かに預けてください。

録画や録音は、一番激しく怒っている時を押さえられなくても大丈夫です。それ以上に大切なのは回数です。1回より3回、10回と数が揃っていれば、モラハラが長期にわたってくり返し行われていたことの証拠になるからです。一つの確固たる証拠を取ろうとするより、小さな証拠を数多く残すようにしましょう。

ちなみに、証拠を取るための撮影や録音に夫の許可はいりません。隠れて記録したものでも、裁判所は証拠として採用します。

別居のあとでも諦めない

証拠を集めるには別居前に動き出す必要があるわけですが、すでに別居中だったり、すぐに家を出ないと身の危険がある場合には、録音や録画は難しくなります。その場合でも、メールやLINE、電話などのやりとりから、夫婦関係が修復できない状況にあるとわかれば問題ありません。例えば「戻ってこいと言うのなら子を叩いたことを謝ってください」というメールに対して「叩いたのは教育の一環だ」という返事が来ていたら、叩いたことを認めていると言えます。別居後に大量の着信や暴言のメールを残すこともあります。相手はモラハラ夫です。必ずどこかにその片鱗《へんりん》は出るものなので、諦めないようにしましょう。

CASE 06

〝一見ジェンダー平等〟夫

「理解ある夫×キャリアウーマン」で理想の夫婦になれるはずが……？

結婚しても仕事を続けたいって言ったのは君じゃないか！
そんなにすごい仕事をやってるつもりなの!?
ブンッ
ずいぶん偉くなったね!?

うっ
うっ
離婚をしたいんですが…
ぐすっ
どうしても一人で子育てするのは無理な気がして…
うっ
身動きが取れないんです…
ぐすっ
夫とは同じコンサル会社勤務だった。
結婚しても仕事は続けたいな。
もちろん構わないよ。
僕も家事は手伝うよ。
理解ある理想の男性。
そう思って結婚したけど…
えっ
私がプロジェクトリーダー!?
期待してるよ。
仕事が多忙になり、
出張も増え、
ガチャ
ただいま…
すっごい疲れた……
食欲ないわ…
結婚しても仕事を続けたいって言ったのは君じゃないか!
ブンッ
そんなにすごい仕事をやってるつもりなの!?
ずいぶん偉くなったね!?
…ごめん。
もう家で仕事の話はしないでおこう…
カシャーン

やがて妊娠。
産休に入った。
年収下がったから家計の割合を減らしてほしいの。
しばらくはよろしくね。
結婚する時家計はイーブンでって決めたじゃないか!
約束したんだからちゃんと払ってもらわなきゃ困るよ!
出産後も…
君が欲しくて産んだんだから、子どもにかかるお金は君が払うべきだ!
ぼうぜん
離婚したい…
だけど仕事復帰しても忙しくて一人で子育てはきっと無理。
こんな夫でも「人手」として必要とせざるを得ない…
最低限の家事はしてくれるし、
耐えるべき…？
夫無しで子育てできる体制をかっちりつくって、
それから離婚を切り出しましょう!
はい…!

CASE 06

”一見ジェンダー平等“夫

特徴

・一見、理想的な共働き夫婦
・産休中でも家計は「二人で平等」
・「どうやって一人で子育てするの（笑）」

モラハラは「高収入の夫×専業主婦」の昭和的組み合わせで起こると思われがちです。たしかにその傾向はありますが、実は「一見理解ある夫×キャリアウーマン」の今どきな組み合わせでも、頻繁に起こります。

コンサルティング会社に勤務して、順調なキャリア街道を進むF代さん（33歳）。忙しさの合間を縫って同期入社の夫と交際を始めると、1年ほどで結婚の話になりました。結婚しても仕事を続けたいと話すと、「もちろん構わないよ。家事も分担しよう」と快く受け入れてくれたと言います。過去に交際した相手からは仕事を辞めて家庭に入ってほしいと言われた経験もあったため、「理解ある人に出会えて良かった」と安心して入籍したそうです。夫はおとなしいタイプで、活発なF代さんと対象的なところも魅力だったということでした。

●「どれだけ自分勝手？」とリモコンを壁に

結婚してすぐ、F代さんは大きなプロジェクトに参加することに。終電での帰宅や出張が重なり、すれ違いの生活が続きました。ある日の夜、久しぶりに夫とゆっくり過ごしていると、「残業が多くてつらい」「仕事辞めて専業主婦になろうかな」と、F代さんの口からつい愚痴がこぼれました。

すると夫は「仕事を続けたいと言ったのは君じゃないか」とため息。「仕事を辞めたら生活費はどうするんだよ」と言い、夫はどんどんヒートアップ。ついには近くにあったリモコンをF代さんに投げつけて、「自分が偉いとでも思ってるの？」とそのまま寝室へ。夫が怒るのを初めて見たF代さんは、怖くなって、家で仕事の愚痴を言うのはやめました。

その後しばらく平穏な家庭生活が続き、F代さんは出産を考えるようになりました。夫に希望を伝えると「君が育てるならいいんじゃない」と特に反対はされませんでした。その後F代さんは妊娠しましたが、産休に入るにあたり一つ気がかりがありました。それは、毎月の家計の支払いです。「共働きだから家計は平等」という夫の意見で、家賃、光熱費、食費など、夫婦できっちりと折半していました。それまでは夫と収入がほぼ同じでしたが、産休に入れば収入が大幅に減ります。同じ会社の夫は当然それを知っているはずなのに、生活費の負担について何も言ってこないのです。

いよいよ産休に入り、「これまでと同じ額を家計に入れるのは難しい」と伝えると、夫は「二人で平等にするって決めたでしょ」、「話が違う」と怒り出しました。頑として譲《ゆず》らないため、F代さんは仕方なく貯金を切り崩して、以前と同じ額の支払いを続けました。

やがて出産したものの、出産費用は家計からではなくF代さんが負担しました。子どもの服やおもちゃも、「君が希望して産んだ子なんだから」と、夫は一切負担してくれません。夫は週の半分は保育園に迎えに行ってくれますが、F代さんがいる時は、赤ちゃんが泣き出しても目の前でスマホをいじるだけで、抱っこしようとすらしません。

しだいに夫はF代さんをあからさまに無視するように。F代さんは二人目を希望していましたが、話し合うこともできません。金銭的にも体力的にも限界がきたF代さんは、真剣に離婚を考えるようになりました。

法律相談に来た時、F代さんは思い詰めてやつれていました。夫とはもう一緒にいられない。でも自分一人では子育てと仕事を両立できない。実家は遠くて親の力は借りられない。あんなに怖くて冷たい夫なのに、いてくれないと子育てができない……。キャリアウーマンらしく相談でも理路整然と話をするF代さんでしたが、自分の進む道が見えない不安から、最後は泣き出してしまったのです。F代さんの収入なら、一人で子どもを育てられます。彼女のネックは、子育ての人手が絶対的に足りないことでした。そこでまず、今後の方針を考えるために、本当に夫がいないと子育てができないかを一緒に整理してみることにしました。

まず、実家の両親に事情を話しました。F代さんは親の手は借りられないと言っていましたが、両親は娘の窮状を知って驚き、月の半分ほど母親が手伝いに来てくれることになりました。そこでF代さんに何かのスイッチが入ったようでした。ベビーシッターや家事代行サービスを調べ、職場と交渉して出張がない部署に異動して……と、復職後の算段を着々と組み立てていきました。もともと優秀なF代さんが目標を決めたのですから、その行動力は目を見張るものがあります。保育園の近くに別居のための部屋を契約して、夫に頼らない子育ての準備が整ったところで、F代さんは夫に離婚を切り出しました。

夫は最初、「どうやって一人で子育てするの」と鼻で笑ったそうです。しかし、F代さんは「あなたの力がなくても育てられる」ときっぱり宣言。「財産分与も養育費もいらない」「親権は渡さないが面会は自由」と条件を示すと、夫に争う余地はなく、すんなりと離婚に応じました。

F代さんの夫のように、一見理解ある男性のはずがモラハラ夫だった……という事例は増えています。ある程度学歴や教養がある男性なので、男女平等とか女性の仕事を応援するべきと理屈ではわかっています。しかし、結婚して妻が対等に収入を得ていることを実感すると、プライドが傷ついて本音が出てくるのです。その結果、「自分は家庭に無駄なお金も労力もかけない」という意地悪な態度になります。やっていることは「家事や育児は女の仕事」という昔ながらのモラハラ夫と同じですが、男女平等、自己責任をたてに責任逃れをして妻を追い詰める点で、現代社会が生んだ新しいモラハラと言えます。周囲からは理想的な共働き夫婦に見えるので、相談してもなかなか被害をわかってもらえないのも難しいところです。

あれほど思い詰めて相談にやってきたF代さんは、周囲の助けを借りながら、今日も生き生きと仕事と子育てを両立しています。視野を広げて方法を探せば、モラハラ夫とは離れられる。それが顕著に表れた事例でした。

まとめ

男女平等、自己責任をたてに妻を追い詰める新しいモラハラもある

CASE 07

”シン・ドケチ“夫

シンプルを通り越して もはや殺風景。 新婚2年目の我が家 は”空っぽの家“

ふだんの買い物も徹底的に倹約を強要され、
ポイント5倍デーを待てなかったの⁉ アホか!!
B店まで行けばこっちより2円も安かったのに!
お金は極力使うなよ!!
チラシ
SOROBAN

3回目のデートでプロポーズされた。
結婚しよう。
恋愛経験のなかった私は、
運命の人だ
と思った。
結婚後――
この中で一番原価率が高いメニューはどれだろう。
じっ
平日ランチ
実質0円…!? これにしよう。
今なら実質無料!!
ポイント値引き適用で!
CASHER
コンビニは敵だ!!
禁止～～!!
クレジットカードなんて絶対ダメだ!
徹底してケチなことが判明。
ギュウウ
結婚前は気前よかったのに…
がら～ん
家には物がなく、殺風景になった。

夫の
唯一の趣味は
スマホゲーム。
もちろん、
鉄の心で
無課金を貫き、
延々とプレイする。
課金したら
負け!!
ねぇ…
うるさい!!
だから、
夫婦の時間は
あまりない。
（怒鳴られる
時間は例外）
ふだんの買い物も
徹底的に
倹約を強要され、
ポイント
5倍デーを
待てなかったの⁉
アホか!!
B店まで行けば
こっちより2円も
安かったのに！
お金は極力
使うなよ!!
チラシ
SOROBAN
これじゃあ、
まともに生活
できない…
夫の言動を録音し、
離婚調停へ。
いかにケチか
ケチを
強要する時に
怒鳴る様子
2段構えの
証拠を元に、
それは
贅沢だ!!
1円だって
ムダに
するな!!
また
ムダな買い物を…
バカか!!
家計簿
これでは
家庭生活は
続けられない
でしょうね…
調停委員の
心を動かした。

CASE 07

〝シン・ドケチ〟夫

特徴

・ディナーで飲み物を一切頼まない
・新居は夫が購入済み〝駅遠中古戸建て〟
・「コンビニはぼったくりだ」が口癖

家族の将来のために日々節約を心がけるのは、悪いことではありません。しかし、モラハラ夫の中には、節約の域を越えたケチ……いや、ケチの域すら越えて家族を苦しめる、シン・ドケチ夫がたくさんいます。

G美さん（30歳）は、中学で女子校に入学すると、大学までエスカレーター式に進学。男性との接点をほとんど持たないまま社会人生活を始めて、いわゆる結婚適齢期を迎えました。そんなG美さんを見兼ねて、親戚のおじさんが今の夫を紹介してくれました。理系メーカー勤務の年上男性で堅実そうな印象でした。最初のデートはホテルのディナー。恋愛経験の少ないG美さんはすっかり舞い上がって、交際を決めました。3回目のデートでは夜景の見える素敵なレストランへ。彼から「結婚してください」と指輪とともにプロポーズ。あまりにスムーズな展開に「運命の人かも」と感じてOKしたと言います。

その時、彼がレストランで飲み物を一切頼んでいないことや、指輪のサイズが合っていないことに気がついていれば良かったのですが……。

●買い出しは値引きとポイ活が最優先

G美さんは退職して専業主婦になり、夫が独身時代に購入した郊外の中古戸建て物件に引っ越しました。閑静な住宅街で、スーパーやドラッグストアも近隣にたくさんあります。隣町にはショッピングモールがあるので、休日には車で買い出しに行って、中のカフェでお茶をして……と楽しみにしていました。ところが同居を始めて初めての週末、「ショッピングモールに買い出しに行こう」と誘うと、夫から予想外の猛反発を受けました。

食料品は激安が売りの◯◯スーパーで、必ずポイントをつけて買うこと。ただし調味料は△△スーパーで。日用品は□□ドラッグストアで購入、曜日ごとのアプリのクーポンを忘れずに使用。トイレットペーパーは2駅先のホームセンターで購入。そして買い物には車ではなく自転車を使うこと。

夫が決めた細かいルールに圧倒されて気が遠くなりつつも、節約が主婦の務めだからと、夫からポイントカードを預かり、アプリをインストールして、悪天候でも、自転車で何軒も回って買い物していたと言います。

●2年も住んだのに空っぽの家

しかし、夫のこだわりは想像以上でした。毎晩、夫によるレシートチェックが行われ、最安値でない店で買うと「なんでここで買ったんだ」とネチネチと責められます。G美さんが「疲れたので同じ店で買ってしまった」と答えれば、夫は「誰の金だと思ってるんだ」と怒りに震え、雨の日に車を使ったと知った時には突き飛ばされました。

そんな夫の最大の敵はコンビニです。「コンビニはぼったくりだ」が口癖で、外出中にのどが渇いても、「公園に行けば水飲み場がある」と入店も許されません。夫の好きな言葉は「実質無料」と「原価」で、外食は原価より高いから無駄。夫の唯一の趣味のスマホゲームは、鉄の心で無課金を貫き延々とプレイするので、夫婦の時間はあまり取れません。

車は夫の通勤専用。最寄り駅までは徒歩で25分かかるので、G美さんが毎朝駅まで送ります。帰宅すると自転車で最安値の店を買い回り、帰宅時間にまた駅まで夫を迎えに……。家計は夫が管理していて、当然、G美さんにおこづかいなどありません。買い物と家事を延々とくり返し、帰宅した夫に怒鳴られる。質素な毎日でも結婚記念日にはディナーを楽しみ、たまには旅行に行く……そんなささやかなG美さんの夢とは真逆の、過酷な新婚生活でした。G美さんは精神的に疲弊していき、結婚2年目になる頃には、夫の帰宅時間が近づくと動悸がしてくるようになりました。

中学時代からの女友だちに連れられて法律相談に来たG美さんは、家のリビングの写真を見せてくれました。すさまじくシンプル……というか殺風景です。大抵の家の棚やテレビ台に置かれる小物や、ポスター、観葉植物、写真立てなど、「暮らしに彩りを添えるちょっとしたもの」が一切ありません。壁にはスーパーでもらったカレンダーだけ。新婚夫婦が2年も住んでいるとは思えない、空っぽの家でした。

家を出たG美さんの置き手紙を読んだ夫は、妻がそうならと自身にも弁護士を立てました。そして調停の場で、モラハラなんてしていないから離婚はしない、妻は家に戻るべきと主張しました。しかし、夫が連れてきた弁護士は、調停に同席する「だけ」。調停委員と話すのは夫本人で、証拠の準備も書面の作成もしている様子がありません。夫は裁判所に出向いては、弁護士を隣に置いて、調停委員に「嫁は安売りの店で買わない浪費家」と延々とまくし立てて、なぜか満足げに帰っていきます。調停の期日は毎回夫の演説で終わり、離婚の話し合いは進みません。調停委員に言われて別居中の婚姻費用は払っているので、ドケチなはずの夫がお金を払いながら離婚を先延ばしにしているという、不思議な事態になっています。普通の弁護士なら「早く離婚したほうが総額の支払いは少なくなる」とアドバイスしてくれるはずなのですが……。

調停は1年数か月続き、夫はようやく婚姻費用の総額に気がついたのか、突然、離婚に同意しました。別居前に、夫が隠していた口座の存在を突き止めていたので、貯金を半分受け取り、無事に離婚が成立しました。G美さんは別居の間にすっかり元気を取り戻し、元の職場に復帰しました。

この夫には、節約こそが正しい暮らしという信念があったようです。実家の両親も、一切の無駄づかいをせずに慎ましく暮らしていたそうなので、生まれ育った環境の影響が非常に大きいのでしょう。もちろん、節約は悪いことではありません。ただ、節約に目標もなく、ポイント、クーポン、わずかな値段の差を求めて妻の行動を監視して怒鳴りつけるとなると、さすがに行きすぎです。過度な節約を求め続けた結果、家族の心を傷つけて、ついには家庭を壊してしまう。それが、シン・ドケチ夫なのです。

まとめ

シン・ドケチ夫の家にはあるはずの物が何にもない!

COLUMN

モラハラ夫と別れるまで

4

弁護士への相談・依頼方法

モラハラ夫との離婚で弁護士への依頼を考える時、入り口は法律相談です。離婚が前提でなくても、依頼を見込んでいなくても大丈夫です。では、どのように相談したらいいのでしょうか。自分が抱えている現状の悩み、離婚後の生活の不安などをそのまま話してください。「夫婦間のことだから法律的な話ではないかもしれない」と尻込みする人もいます。しかし、離婚の問題には夫婦に起きた全ての出来事が関係しますので、関係のない話というものはありません。

どのような回答をするかは弁護士によりけりですが、私の場合は、相談の時点で解決までの見通しを必ずお伝えするようにしています。

離婚した場合の条件、相手の特徴からどれくらい時間がかかりそうか、別居に向けてどんな準備が必要か、などの道筋を示すことで、相談者の方が次の一歩を踏み出しやすくなるように心がけています。離婚したければまずは別居しましょう、夫が離婚に応じなければ調停をするしかないですね、といった通り一遍の回答では終わらないようにしています。

弁護士の方針や、費用などの条件が合えば依頼となります。すでに依頼している別の弁護士と方針が合わないという方からの相談も可能です。

全てを諦めてしまう妻たち

モラハラを受け続けている妻からの相談には、いくつか特徴があります。まず多いのが、相談予約をするのが本人以外（親、友人）だというケースです。「夫に携帯を監視されていて電話やメールができない」と友人を通して予約が入ったり、「家事をやらないと怒られるので弁護士を探す時間がない」と親が代理で問い合わせてきたり。日常的に夫から行動を制限されているため、相談のために家を出ることすら一大事です。

予約をキャンセルしようとする人もいます。友人に弁護士に相談するほどのことではないと止められた、予約はしたものの夫にばれたら怖い……。そしてやっと相談までたどり着いても「大した話じゃないですよね」と途中で相談を諦めようとする人もいます。しかし、話を聞けば大抵が〝大した〟話ですし、夫が妻を怒鳴り、家族がおびえている環境は、誰にとっても良いはずがありません。

夫には用事があると言って家を出ればいいじゃないか、怒鳴られたら言い返せばいいじゃないか、と思う方もいるかもしれません。でも、モラハラを受けている妻は、自由を奪われて恐怖で身も心も縮こまり、視野も狭くなっているので、そんなことすら考えられなくなっています。

相談は早ければ早いほど良い

モラハラに悩む皆さんに知ってほしいのは、離別の道は、恐怖を乗り越えて行動を起こさないと始まらないということです。決断さえしてくれれば、夫に知られずに相談をする方法を一緒に考えます。遠方でも大丈夫。今はオンラインツールを使えばどこでも顔を見て話せる時代です。

また、弁護士に相談をしたからといって、離婚しなければいけないわけではありません。相談を経て関係修復の道を探ることになった夫婦もいます。どのような道をたどるにせよ、モラハラ問題は相談時期が早ければ早いほどさまざまな対策を取れます。相談をあと回しにして良かったというケースはありません。

CASE 08

"平成生まれの伝統的モラハラ"夫

令和の時代に「男尊女卑」、時代に抗い亭主関白を唱える若きモラハラ夫。

私たちは互いに20代なのに
家庭円満のカギは亭主関白！
夫は驚くほど時代錯誤なことばかり言う。
ぐっ

さあ、食べて食べて。
ここには何もないけど美味しい野菜はたくさんあるからね！
あんたが東京の大学でこんな美人さんとおつき合いしてるなんてね〜
彼の実家へ挨拶に行くと、盛大なおもてなしを。
わいわい
彼となら温かい家庭を築けそうだな。
ところが…
結婚式は俺の地元でやるよ。
え⁉ 友だちはほとんど東京じゃん。
親族優先が常識でしょ。
東京ブライダルフェア
親戚一同、みんな地元の○○会館で式を挙げたんだ。
絶対地元!!
え-…
結婚すると、盆暮れ正月の帰省は絶対。
臨月だから立ち仕事はつらいです…
何言ってんの！もうお客さんじゃないんだから。
コレ持ってって！
わはは
女なんだからサボるなよ〜

最初は男の子産めよ！
女の子だったら困るわねー
はぁ…？
おいっ、早くグラスさげろよ。
醤油もねえぞ!!
お茶出す順番が違うだろ！
ごめんなさい…
私たちは互いに20代なのに
家庭円満のカギは亭主関白！
夫は驚くほど時代錯誤なことばかり言う。
ある時体調を崩し、
ただいま
大丈夫？
結婚後初めて息子を連れて実家へ帰った。
ところが自宅へ戻る日…
ドッドッドッドッドッドッドッ
どうしたの？
帰れない…っ。
わぁあああっ
その日初めて、両親に今までのことを打ち明けた。

CASE 08

”平成生まれの伝統的モラハラ“夫

特徴

・自然豊かな土地、昔ながらの大家族
・妊娠中の妻の前で妻の実家をこき下ろす
・弁護士は「離婚させて金儲けをする仕事」

家柄、血筋、礼儀、常識、両家の格。出てくる言葉は、まさに昭和のど真ん中。平成生まれとは思えないほどに「男尊女卑」が激しく、亭主関白を地でいく若きモラハラ夫の事例をご紹介します。

都会に生まれ育ったH代さん（27歳）は、子育てをするなら自然に恵まれた環境でと夢見ていたそうです。卒業旅行で知り合った夫は東京の大学生でしたが、長男でいずれ家業を継ぐことになっていて、地元企業に就職が決まっていました。さわやかな好青年で、共通の趣味のスノーボードで意気投合。1年半の遠距離恋愛の末、プロポーズされました。

実家へ結婚の挨拶に行くと、親戚も集まり地元の名産品を使った料理でもてなされて大歓迎。H代さんは、彼となら幸せな家庭が築けると思い、知らない土地での結婚生活にも不安はありませんでした。

しかし今思えば、結婚式の準備をする頃から、不穏なサインは出ていました。彼から「結婚式は東京ではなく地元で」と言われ、親族がみんな利用するという古い式場で挙式をしました。アクセスが悪いため、H代さんの友人はわずかしか呼べません。席次を決める時に彼が「両家の格が」という言葉を使いましたが、都会育ちのH代さんには、その言葉が示す本当の意味はわかりませんでした。

夫の実家近くで新婚生活が始まると、そのサインははっきりした形となってH代さんに迫ります。連休に帰省しようとすると、夫は不機嫌になり、「家のことは誰がやるんだよ」などと言って帰省を禁じるのです。

さすがに年末には帰れるだろうと我慢していましたが、正月は本家に親戚一同が集まるしきたりのため帰省はできないと言われました。せめて一泊だけでもと夫にお願いしても、即座に却下されたそうです。

料理の手伝い、親戚一同の配膳、宿泊用の布団干し、床拭きなどは全て〝嫁の仕事〟。配膳の順番や食器の扱いなど、決まりだらけの仕事に戸惑うH代さんですが、義母に怒られても、夫も義父も見て見ぬふりです。

翌年、H代さんは妊娠。今年こそはと夫に懇願《こんがん》しましたが、「俺はあっち（妻の実家）が嫌いだ」と激高。父親が低学歴、母親はレジのパート、貧乏人が住む地域、果ては親族はみんな病気だなど、妄想まで持ち出して悪口の限りです。夫が自分の実家を嫌っているとは全く気がつきませんでした。夫が式の時に漏《も》らした「両家の格」とはこのことだったのです。

その年末、H代さんは妊娠9か月になりましたが、帰省は諦めていました。その頃になると夫は、テレビでH代さんの実家付近が映ったり、地元の友だちの話をしたりするだけで、怒り出すようになっていたからです。身重の体で雪かきをしながら、実家を思い出して涙が出たそうです。

年が明け、H代さんは長男を出産。すぐに駆け付けた義母が息子を見て言ったのは、「ああ、良かったわ。女の子だったらどうしようかと思ったのよ！」。H代さんへのねぎらいでも孫のかわいさでもありません。隣にいる夫も何も言わないことに、H代さんは大きな違和感を覚えました。

産後の体調が回復しなかったため、ようやくH代さんは地元に帰ることを許されました。さまざまな「決まり」から解放されて体調も回復したはずが、家に戻る日の朝、急に体調が悪化。体がいうことをきかない状態になって初めて、H代さんは自分の心が限界を迎えていると気づきました。

●本家の長男だからと子どもの親権を求めるも……

結婚してからの出来事を両親に打ち明けると、両親はすぐに夫の実家に連絡を入れました。しかし夫の母に「もううちの嫁ですから、口を出さないでください。早く長男と一緒に帰してくださいね」とまくし立てられ、電話を切られました。さらにその直後、夫からH代さんへ電話が。母親の失礼な物言いを謝るかと思いきや、「せっかく家に帰してやったのに」「お前の親は常識がない」「早く戻れや」と言い放ちます。H代さんが赤ん坊を抱いて法律相談にやってくるのは、その後、間もなくのことでした。

離婚を決意したH代さんは家に戻らず、そのまま別居を始めました。妻の決意を知らない夫からは、長文のLINEが届きます。「早く戻ってこい」で始まり、「そっちにいると息子が無能になる」「家柄の違いを理解していない」と、H代さんの実家をこき下ろす内容です。両親から、娘は体調不良で病院に通っていると返信すると、「欠陥品を生んだのは親の責任ですね」と信じられない論理を展開してきました。

体調が落ち着くまで離婚は切り出さない予定だったH代さんでしたが、夫のLINE攻撃に耐えられず、早めに切り出すことになりました。私から、H代さんが離婚を希望していると連絡すると、夫から電話がありました。最初は低姿勢ですが、話していると徐々に本性が現れます。「夫婦の話は他人が入ることではない」と二人での話し合いを求め、H代さんの体調や気持ちを伝えると、「あなたは離婚させて金儲けをする仕事」と、私が離婚をそそのかしているように言うのです。

この夫との話し合いは難しいと判断した私は、離婚調停を申し立てました。調停では、夫側は長男の引き渡しと親権を求めてきました。しかし、「本家の長男だから」という時代錯誤な理由がまかり通るはずもなく、H代さんが親権を得て離婚となりました。

H代さんは、結婚前、義父に怒鳴られる義母の姿をよく目にしていたそうです。夫が特に気にも留めないことから、これがこの家の日常なのだと理解していったと振り返ります。つまり夫は、自分が幼い頃から見てきた父親の姿と同じ振る舞いをくり返しているのです。

H代さんのようなエピソードは地方だけのものだと思われがちですが、都心から少し離れるだけでも似たようなケースはあります。そして、今の時代にもはや死語と思われがちな「家柄」「亭主関白」といった概念をよりどころにする男性は、20代30代にもまだたくさんいるのです。

まとめ

さらっと「格」「地元」「家柄」のワードが夫の口から漏れたら危険信号

CASE 09

"令和のかまってちゃん"夫

守ってあげたい"可愛い"系のはずが「いびきがうるさい！」と突如キャラ変。

仕事に関しては…
上司に怒られた!!
もう仕事辞める！養って！
うえ〜ん

私より10歳年上の彼。
エミちゃん♡
高学歴 天真爛漫 甘えん坊で、
ちょっと頼りないところに母性をくすぐられた。
ところが結婚生活が始まると…
お前のいびきがうるさい。
寝室は別にして。
飲み会とか言って、どうせ浮気してるんだろう!?
え!?
何かとすぐに激怒するように。
へへんっ
お前が浮気してるから俺も仕返し。
こんなきれいな人からいいね来てる。
俺ってけっこうモテるんだな～
マッチングアプリ!?
仕事に関しては…
うえ～ん
上司に怒られた!!
もう仕事辞める！養って！
朝まで愚痴を聞き励まし続けると、
でもでもだって
グスングスン
じゃ、行ってきまぁす♪
なんか疲れるな…

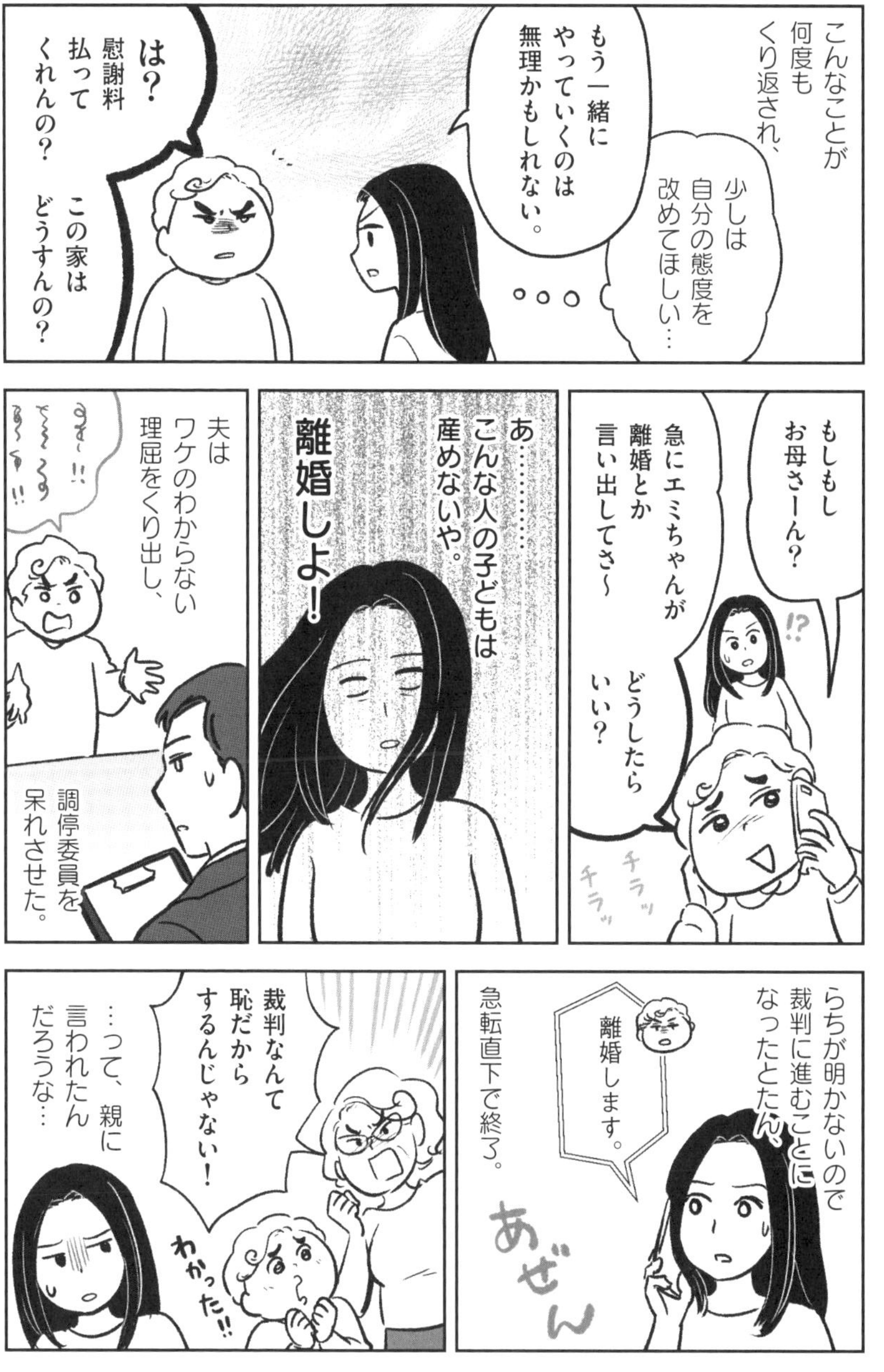

こんなことが何度もくり返され、
少しは自分の態度を改めてほしい…
もう一緒にやっていくのは無理かもしれない。
は？慰謝料払ってくれんの？
この家はどうすんの？
もしもしお母さーん？
急にエミちゃんが離婚とか言い出してさ～
どうしたらいい？
!?
チラッ
チラッ
あ………こんな人の子どもは産めないや。
離婚しよ！
夫はワケのわからない理屈をくり出し、
調停委員を呆れさせた。
らちが明かないので裁判に進むことになったとたん、
離婚します。
急転直下で終了。
あぜん
裁判なんて恥だからするんじゃない！
わかった!!
…って、親に言われたんだろうな…

CASE 09

〝令和のかまってちゃん〟夫

特徴

- 自分だけに見せる甘えが魅力
- 女性のリアルな姿に拒否反応
- 離婚調停は義母が主導

これから紹介する事例は、一見モラハラに思えないかもしれません。たしかに、大声で怒鳴るような攻撃性はありません。しかし、自分勝手な言動で妻を振り回し、心をすり減らしていく点で、まさにモラハラなのです。

広告関連会社に勤めるI子さん（27歳）。新卒で入社してからの5年間、企画提案の部署で働いてきました。ある時、人事異動で営業部門に異動。そこで出会ったのが、10歳年上の先輩社員、現在の夫です。

畑の違う部署からの異動。わからないことだらけのI子さんの業務を先輩としてサポートしてくれたのをきっかけに、交際へと発展。仕事のできる落ち着いた大人の男性と思っていた彼が、意外にも天真爛漫《てんしんらんまん》な性格だとわかっていくにつれ、そのギャップにさらに心惹かれたそうです。

聞けば、エスカレーター式の有名大を卒業して、父親は医師、良家に生まれた三兄弟の末っ子で家族仲は良好。そんな要素も「甘えん坊で、ちょっと頼りないところが可愛い」というギャップに見えて、「私が守ってあげなくちゃ」と思うようになった、と結婚に至った理由を振り返りました。

しかし、結婚生活が始まると夫の態度が豹変します。I子さんに「いびきがうるさい！」と怒りだし、寝室を別にすると言いだしました。驚いた

I子さんは専門のクリニックにかかりましたが、診断結果は「気にするほどではない」とのこと。夫に報告すると、次は「すっぴんが汚い」と言いだします。I子さんは大変傷つき、寝る間際まで化粧をするように。

●仕事はできるけど甘えん坊、その実態は

ある日、友人と飲んで深夜に帰ると、リビングに夫の姿がありました。I子さんを見ると「浮気してきたんだろ?」とだけ言い残し、寝室へ。翌朝、これ見よがしにスマホをいじっている夫に声をかけると、「僕も浮気相手を探すことにした」とマッチングアプリの登録画面を見せ、「ほら、スペックが高いから引く手あまただ」と自慢してきたそうです。

結婚前までは可愛いと思えていた夫の〝かまってちゃん〟な行動に、徐々に嫌気が差してきたのはこの頃から。それでもI子さんは、夫婦として話し合いを重ねて改善できれば、と思っていたそうです。が、話し合いの場すらもてないほど、夫の行動はエスカレートしていきました。

仕事はできる人だと思っていたのに、ちょっとしたミスを引きずっては家でグジグジ。I子さんは持ち帰った仕事にも取りかかれず、ずっと夫に寄り添っては話に耳を傾け、朝まで慰め励まし続けたと言います。それでも「もう会社を辞める」と言って聞かず、「これからはI子ちゃんが僕を養って」と言い残して出社。帰宅すると「会社を辞めてきたから！」と宣言します。今後の生活をどうしたものかと頭を悩ませたI子さんが一睡もできずに朝7時を迎えると、隣の部屋からアラームの音が。すると夫はいつものように支度を始め、朝8時ちょうどに「行ってきます」と言って玄関を出ていきました。会社を辞めたというのは嘘だったのです。

夫の子どもっぽさに我慢の限界を感じ始めたI子さんは、一度、離婚のワードを口にしたそうです。すると、夫は隣の部屋に駆け込んで母親に電話。「I子ちゃんが離婚するって言ってる！　どうしたらいい？」とわざと聞こえるように話し始めました。I子さんとしては、本気で離婚を提案したわけではなく、SOSを発したつもりでしたが、逆にこの夫の言動を見て「この人との間に、子どもをつくるのはナシかも」とスイッチが入りました。そして私の元に法律相談にやってきたそうです。

●リアルな女性の姿が許容できない「新型マザコン」

離婚までの筋道を立てると、I子さんは、すぐに実行。「弁護士を依頼したのでそちらに連絡してほしい」と手紙を置いて家を出ると、モラハラ事案の中では珍しく、すぐにI子さんではなく私のところへ連絡が入りました。ところが、電話の相手は夫本人ではなく夫についた弁護士。しかもすでに離婚調停を申し立てたと言うのです。

それは母親の差し金でした。年下の嫁から離婚を言い渡されるなど一家の恥と考えた夫の母親が、息子から報告を受けた時点で、知り合いの弁護士に話を持っていったとのことでした。

そのため、そこに夫の意思はありません。母親の言う通りに調停を申し立てただけなので、いざ調停の場に臨んでも、離婚の理由も条件も、具体的なことは一切話せないのです。話し合いが膠着《こうちゃく》したため、私から調停を打ち切りにして裁判に進むよう提案すると、夫は慌てて調停室を出て、電話をし始めました。相手はおそらく母親です。「裁判なんてもってのほか」とでも言われたのでしょう、戻ってきた夫は、いろいろなことを諦めた様子で、急に態度を変えました。夫がようやく出したいくつかの条件に、I子さんも合意。こうして離婚が成立しました。

この夫の特性を一言で表すなら、「新型マザコン」です。最近の親子は仲が良く、大人になっても母親と頻繁に二人で出かけるなど親密な関係を続ける人が増えています。それはもちろん良いことですが、長く母親に甘えてきたために中年になっても子どもらしさが抜けず、極端なことを言って相手の思いやりを搾取するような言動を引き起こすのでは、と考えられます。実家暮らしで恋愛経験が少ないせいか、すっぴんや家でのだらしない姿など、女性のリアルな姿に拒否反応を示すのも特徴です。

有名大学の出身で一流企業に勤めて、見た目もそこそこ。なのに、40歳手前まで独り身だったのには、何かしらの理由があるのかも……とついつい考えてしまいます。蓋を開けてみれば、思い通りに甘やかしてほしくて延々と妻を振り回す、信じられないほどのかまってちゃん。家ではネガティブなことを言っていても、職場や友人の集まりではケロッとしていることも多いです。振り回されて疲弊してしまう前に、「そこまでつき合い切れない」ときっぱり伝えてみましょう。

まとめ

結婚前は萌えポイントでも
結婚後は破綻の原因になることも

COLUMN 5

モラハラ夫と別れるまで

離別のゴールは人それぞれ

モラハラに悩んで法律相談に来た妻は皆さん、「離婚したいんです」と言います。夫は変わってくれない、もう限界、だから離婚しかないと。コラム1「『モラハラでは離婚できない』のか」で、スタートすればいずれ離婚というゴールにたどり着くと書きましたが、実はモラハラ夫との離別のゴールは人によって違っていて、離婚がゴールとは限りません。言葉としての「離婚」は離婚届を出して籍を抜くことを指しますが、実際に籍を抜くこと「だけ」を求めている人はいません。極端なことを言えば、籍を抜いても、その後もモラハラ夫と一緒に生活しているのなら、何も変わらないためです。そのため、法律相談の際に、具体的に何を望んでいるかを確認しています。

「離婚したい」の意味は多種多様

妻が求めているのは、モラハラをする夫と離れたい、関わりをなくしたいということです。つまり、「夫との離別」を望んでいると言えます。

そして離別の方法には、さまざまな段階があります。別居をするか、家庭内で顔を合わせないように暮らすか。夫と子どもはどの程度関わっていくか……。金銭面の問題もあります。お金はいらないからとにかく夫と離れたいと言う人もいますし、むしろお金を払ってでもと言う人もいます。お金がもらえないなら今のままでいいと言う人もいます。

籍を抜くタイミングも人それぞれ。できるだけ早くという人、子どもの進学に合わせたいという人から、夫の退職に合わせてという人など多種多様です。

このようにひと口に「離婚したい」といっても、そこにはこれだけのバリエーションがあるのです。

そのため、夫との離別を目指す場合、どこに着地点を置くかを考えておく必要があります。多くの人は、希望を具体的に突き詰めていくと、「別居できればいい」というゴールに落ち着きます。夫と別居すると、直接モラハラを受けることはなくなり、気持ちも落ち着くので、「離婚したい」という動機の多くは叶うためです。その後、どのタイミングで籍を抜くかは、夫との交渉の状況や子どもとの関係などで決まります。

ゴールからの逆算で考える

「離婚したい」を「籍を抜きたい」とイコールに考えていると、夫が離婚届を書いてくれない↓籍が抜けない↓手詰まり、となって終わってしまいます。実際に、夫に離婚届を渡したら破り捨てられて離婚を断念したという人もたくさんいます。

ここで視点を変えて、「どの程度夫と離れたいか」で考えると、やるべきことが逆算で決まってきます。別居を目指すのなら、住む場所を見つけられるか、仕事を探せるか、子どもの学校は……。別居をして婚姻費用の支払いを受けながら、お互いに距離を置いて暮らしていくという落ち着き方もあります。

ここで大事なのは、どうしたいか、そのために自分に何ができるかを主体的に考えること。「夫が離婚してくれないから我慢するしかない」で立ち止まると、そこで全てが終わってしまいます。自分の望むゴール、そのために何ができるか。考えて実行するのはあなた自身です。

もっとも、モラハラを受けていると、主体性が奪われているので、ゴールを考えること自体が難しくなっています。そのためにも、周囲にSOSを出すことが、視野を変える第一歩になるのです。

CASE 10

"何でも書面作成"夫

「円満にしろ！」「感謝しろ！」人の気持ちは書面で縛る、超堅物夫。

すると後日、
全く態度が変わってない！合意書に違反してる！
家庭運営合意書
バッ

我が家には思春期の子どもが3人いるけど、
15才
14才
12才
夫は今まで一度も家のことをやってくれたことはない。
まあ税理士の仕事は大変だろうし、あきらめるか…
お母さーん、水筒どこ？
野球始まっちゃう～
はいはい。
スポーツなど将来なんの役にも立たないだろう。
お前の実力でプロになんかなれないんだから、無駄だ。
一度も見たことないクセに…
旅行の時も、
お父さんも一緒に草津行こうよ。
旅行なんて女の趣味だ。
お前らがいなくなってせいせいして過ごせる。
しだいに子どもたちの心は父親から離れていった。
あんなヤツほっとこ
そんなある日、外食から帰宅すると、
お前ら!!今日が何の日か知ってるか!?
…………え、
まさか自分の誕生日を祝ってほしいの？
何年も私たちの誕生日もクリスマスもやってこなかった人が？
引っ

これに署名しろ！
家庭運営 合意書
・家族として円満に生活していくものとする。
・家族旅行を開催し、積極的に参加するものとする。
・家族の誕生日にはパーティーを開く。
・父親のおかげで生活できていることに日々感謝する。
私は上記事項に合意いたします。
年 月 日
氏名
印
は？
サインしたからといって楽しく旅行できるわけないし、
ふだんの夫の態度からすると、円満なんてとても…
いいから早く書けよ！
ドン
わかったから…ちょっと飲み過ぎよ。
とりあえずこの場をおさめるか…
サラ
サラ
すると後日、
全く態度が変わってない！合意書に違反してる！
バッ
家庭運営合意書
それからも頻繁に…
合意書違反だ!!
合意書違反だ!!
合意書違反!!
合意書違反!!
いよいよ疲れてしまい、子どもたちと家を出ることに…
もうなんなの…？

CASE 10

”何でも書面作成“夫

特徴

・子どもの頑張りをディスりまくる
・感謝の気持ちをサインで示させる
・ある日いきなり「合意書違反だ！」

人の心を縛る約束など、この世に存在しません。でも、約束の万能さを信じるモラハラ夫は、家庭の円満、夫への感謝、家族の祝いごとなど、家族の行動や気持ちの全てを書面へのサインで管理しようとします。

専業主婦のJ美さんは、小学・中学・高校生3人の子どもを育てる48歳。夫は士業の50歳。無口で頑固、頭も固く、家事育児は妻の仕事という昔ながらの父親像が、そのまま服を着て歩いているような人だと言います。

18年前に出会った当初から、真面目で融通が利かない杓子定規《しゃくしじょうぎ》な面はありましたが、頭脳明晰《ずのうめいせき》で仕事もしっかりしている。夫としては良い人だと思い、J美さんは結婚に踏み切ったそうです。

子どもの世話をしないのは、世代的にも想定済み。もちろん、少し手伝ってくれたらと思うこともありましたが、不器用な夫にお願いするほうが面倒なので、割り切っていたと振り返ります。問題はそれよりも……。

長男が中学に入った頃、学校の勉強についていけなくなり成績が悪化。夫に見てもらおうとお願いをすると「人に聞くな、自分で考えさせろ！」と一蹴。改めて、長男から夫に直接聞きに行かせると「そんなものもわからんのか！」と怒鳴り、そこから息子への説教が始まりました。またある時は、長女が焼いたクッキーを食べて「買ったほうがうまいな」と嫌味を言いました。次男に対しては、少年野球に熱中していることを知ると、試合前日の夜にリビングに呼び出して、「スポーツを一生懸命やって何になる？　どうせプロになんてなれないんだから勉強しろ」と言ったのです。

ずっとそんな調子のため、当然、子どもの心はどんどん父親から離れていきました。接触は最小限に、やりとりをする時は腫《は》れ物を扱うような態度で接するため、気づけば夫は家庭内で完全に孤立していました。

ある時、いつものようにＪ美さんと子どもたちが外食して帰宅すると、リビングで夫が酔いつぶれていました。避けるように自室に行くＪ美さんたちに、夫は「今日は何の日か知っているか」と怒鳴りました。この日は夫の誕生日。昔は家族の誕生日やクリスマスはみんなでお祝いしていましたが、夫が機嫌を損ねて「誰の金だ、こんな無駄なことする暇があったら勉強しろ」と台無しにするので、もう何年もお祝いはしていませんでした。

夫は家族全員をリビングに座らせます。何が始まるのか、と緊張が走るなか、夫は1枚の紙をテーブルに置いて、「ここにサインしろ」と言いました。文頭には「合意書」と書かれています。続いて「家族として、円満に過ごしていくものとする」「父のおかげで生活できていることに、日々感謝するものとする」との箇条書きが。これは一体何なのか、サインしたら何が起こるのか……、尋ねたいことは山ほどありましたが、酔っ払った夫はいつも以上に扱いが面倒。それを全員わかっていたため、何も言わずにサインをするだけして、今まで通りに生活を続けていました。すると数日経った頃、夫がいきなり「合意書違反だ！」と怒鳴り始めたのです。

夫いわく、「円満に、とサインしたのに円満になっていない」「父のおかげと感謝することも合意したのに、感謝が感じられない」とのこと。おそらく家族の夫に対する態度がサイン後も変わらなかったことに対して、なぜだ！と言いたかったのでしょう。とはいえ、円満も感謝も、具体的にどうしたらいいのかわからないし、いつも不機嫌で長年円満にしようとしてこなかったのは夫自身です。しかし、夫による合意書強要はこれで終わらず、さらなる合意書が突きつけられます。「家族の誕生日にはパーティーを開く」「年に一度、家族旅行を開催し、積極的に参加するものとする」「常に父を尊敬する」そして、ついには「夫婦として月3回の性交渉を確約する」とまで……。家族の関係性を取り戻すための根本的な努力はせず、一筆をとることだけに力を注ぎ込む姿が滑稽《こっけい》を通り越して怖くなってきたJ美さんは、離別の道を探るべく、私の元に法律相談にやってきました。

●調停の場に持ち込まれたのは、例の合意書

J美さんは、証拠を揃え、子どもとともに家を出て、離婚調停を申し立てました。モラハラ夫がどのような反論をしてくるかと思いきや……。夫は円満調停を申し立ててきたのです。円満調停とは、夫婦仲を修復するために、不仲の原因がどこにあるのかを探り、どうすれば原因を排除できるか、調停委員を交えて夫婦間で話し合う手続きです。やってきた夫の手には、例の合意書が。「円満に暮らすことを誓うとサインしたのだから、離婚はするべきではない」「妻に約束を守るように説得してほしい」と主張しました。が、円満調停は司法が夫婦の仲を取り持つ場ではなく、互いに関係を良くしたいと望んで初めて成り立つ場です。J美さんがそれを望むはずはなく、改めて離婚調停を進めることに。自分の思う通りにことが運ばないことを理解した夫は一転して、財産分与でごね始めました。そうなるとモラハラ夫特有の調子で、調停では話がつきません。裁判も視野に入れた時、私とJ美さんは別居を続ける方針にシフトしたのです。

今、離婚裁判を起こすと、子どもたちの進学時期と重なり、J美さんも子どもたちにも負担がかかります。夫の感情も、時間をおけば少しは収まるのではないかという見立てもありました。一方、3〜5年ほど別居を続けると、それが「関係性が破綻している」ことの実績となるため、時間をおいて裁判をしたほうが、戦いやすいと判断しました。

紙切れ1枚で人の心を支配できると思うのは、人とのコミュニケーションが苦手な証拠です。夫婦円満を望むなら、気持ちを正直に打ち明けて、仲良くなるように互いに努力するしかありません。

不仲を相手のせいと思い込み、妻に「円満にします」とサインさせれば、文言通りに円満な家庭が手に入ると勘違いしている……。相手にも心があるのに、従わせることしか頭にないというのがモラハラ夫の典型的な考え方ですが、それを形にして表すのが、この「何でも書面作成夫」なのです。

まとめ

大事なことなのでくり返します。人の心を縛る約束などこの世に存在しません

CASE 11

“過去の栄光にすがりまくり”夫

輝いていたのは遠い過去。思い出の中だけで生きる悲しい見栄っ張り夫。

俺は選ばれた人間だからいいんだよ！
自分そのものが商品だから、高い物を身につけていないといけないんだ。
ドンッ

元高校球児の夫。
甲子園直前まで進んだんだぜ。
さわやかで体格も良く友人もたくさん。
とても魅力的に見えた。
仲間!!
ところが結婚してみると…
俺は常にみんなの期待を背負って努力してきた。
お前は人生でそういう経験がない。
本当、何もできないよな。
え…
そして何年一緒に生活しても、
あの試合のあの場面で…
あの時の俺の判断がチームを勝利に…
俺がいたから
俺のおかげで
また同じ過去の栄光話…
それしか話題ないの?
スン…ッ
野球関係での仕事で成功している人とのつき合いがあり、
見栄を張るため経済感覚がおかしくなっていく。
□レックス!?
いくら何でも分不相応でしょ!?
これぐらいのもの身につけていないと、俺には合わないよ。

友だちが買ってたから俺も同じ車種を契約してきた。
ふふんっ
契約書
金16,480,000円也
え!? 高級外車じゃない!?
たのしいオープンカー
その時は私が頭を下げてキャンセルすることに…
一方で…
なんだコレ
こんなバッグいらねーだろ。
あなたは好き勝手浪費するくせに……!
俺は選ばれた人間だからいいんだよ!
自分そのものが商品だから、高い物を身につけていないといけないんだ。
何様だよ……
ぞわわっ
離婚を決意。
裁判所にはなぜかサングラスをして登場。
チャッ
有名人気取り?
CUGGI
歪んだプライドとアピール精神に、
なんでこの人と結婚したんだろう。
はーっ
…と何度も後悔。
哀れ…

CASE 11

”過去の栄光にすがりまくり“夫

特徴

- 体育会系で明るくさわやかな好青年
- 過去の自慢話と妻への罵詈雑言
- 「俺は何をしても許される存在」

努力によって勝ち取った過去の栄光を、生きる力にしている人は少なくありません。しかし、それを頑張らない言い訳にしたり、妻を馬鹿にしたりするために使っては、せっかくの栄光も台無しになってしまいます。

K代さんは、フリーランスのWebデザイナーとして働く40歳。5歳年下の夫と3年前に結婚しました。出会いは、K代さん行きつけのワインバー。「新しい店長」としてやってきたのが彼でした。

スポーツで学生時代には全国大会に出場した実績があり、昔の仲間は今もプロの世界で活躍しているそうです。体育会系一筋でここまできた夫の話は、文化系のK代さんにはどれも新鮮でした。

元スポーツ選手らしい明るくてさわやかな雰囲気と、人懐っこい性格。結婚願望がなかったK代さんでしたが、彼となら恋人みたいな生活が送れそうと早々に結婚に踏み切りました。

結婚してすぐ、夫はK代さんと出会った店から別の店へと移りました。友人が始めたフードトラックを手伝い、バー、居酒屋、カフェ……。把握しているだけでも3年間で7~8回は勤務先が変わったはず、とのこと。

心配する妻をよそに、「俺はいろんなところから引き合いがある」と、気にする様子はありません。K代さんの収入だけでもなんとか生活はできますが、夫の収入が安定しないため、将来が見えないことが不安の種でした。

●身につけるのは高級品ばかり

やがて夫は何かと理由をつけてK代さんにお金を借りるように。一体何に使っているのかと気になっていましたが、ある時夫のクローゼットを開くと、そこにはブランドの服、高級腕時計、ジャラジャラした貴金属類が多数。夫は派手な服装が好みなのはK代さんも知っていましたが、ここまでたくさん持っていたとは知りませんでした。

帰宅した夫に、家計にお金を入れずにブランド品を買っていることを問いただしたそうです。すると、夫の言い訳は「俺みたいな人間は、こういうのを身につけていないといけないのよ」「まあ、大した努力もしてきてない奴にはわかんないよな」。これが引き金になったのか、夫はお酒に酔うとK代さんを見下す発言をするようになりました。「あの試合のあの場面で俺が……」といった過去の自慢話から始まり、「チームメイトだったあいつは今や……」といった成功したかつての仲間の自慢話。そして、最後に行き着くのは「何も取り柄のないおばさんのお前」と「こんなにも実績のある素晴らしい俺」の話。普段でも夫が不機嫌になると、バカやブスといった子どものような悪口を言い、そのたびに嫌な気持ちになりましたが、大好きだった彼のことを嫌いになれず、K代さんは我慢していました。

ところが、結婚3年目を迎える頃に状況が一変。突然、夫が相談もなく高級車を購入したのです。理由を聞けば「俺みたいな選ばれた人間はこのくらいの車でないと」といつもの調子。車のディーラーをしているかつての仲間から営業を受け、見栄を張って購入してしまったのです。到底払える金額ではない、とK代さんが事情を説明してキャンセルしました。さらに、店の客と良い仲になっているらしいと共通の知人から聞かされたK代さんはついに我慢の限界を迎え、法律相談にやってきたのでした。

●加害者なのに妻に慰謝料請求

「まさにモラハラ夫ですね」と告げると、K代さんは驚いた様子でした。過去の自慢だけではモラハラになりませんが、問題なのは、そこから妻に対して「お前には価値がない」などと人格否定するところです。K代さんは夫の浮気疑惑に気を取られ、証拠を取ることに躍起になっていましたが、夫とのLINEを見せてもらうと、予想を超えた罵詈雑言の数々。夫の暴言だけで離婚はできると伝えると、K代さんは安心していました。

早速開かれた離婚調停の場でも、夫は自慢話とK代さんを馬鹿にする発言をくり返しました。独壇場で気持ちがいいのか、話はどんどん膨《ふく》らんで「プロの声もかかったがケガで断念した」など、明らかな嘘も含まれるように。証拠として提出した暴言だらけのLINEを見ても何のその。「自分と別れたければ慰謝料を払え」と主張したため、裁判に進みました。

裁判では、ブランドのロゴの入ったTシャツとサングラス姿で登場。妻のお金を食いつぶし、モラハラと浮気も重ねた加害者の立場なのに、「俺は何をしても許される存在」という意識から、恥じる気持ちはないようです。「俺はぜってえ負けねえ！」と息巻く夫に、スポーツによって養われたメンタルの強さが皆目見当違いの方向に発揮されていることを感じました。

最後は判決となりましたが、夫婦関係は破綻していたとしてK代さんが勝訴。納得いかずにわめく夫を尻目に、K代さんは「彼の何が良かったんだろう。でも、やっと縁を切れて本当に良かった」とつぶやきました。

モラハラ夫は総じて「自分は悪くない」と考えがちですが、このタイプはその思考が特に強い傾向があります。過去に周囲にもてはやされた経験があり、地元に帰れば大スター扱い。さらに当時の仲間が今もなお第一線で活躍しているとなると、仲間の自慢をしているうちにまるで自分もそうであると錯覚してしまうのです。そのため「悪くない」どころか「立派で優秀。だから、何をしても許される」と考え、過去の自慢を武器に相手の人格を批判します。

スポーツに限らず、留学経験や、学業成績、習い事での受賞歴など、過去の栄光にすがる事例をたくさん見てきました。その自慢は家庭内だけでなく、裁判の場でも発揮されます。例えば、親権争いで、「区の水泳大会で8位入賞」のような微妙な成績をもとに、これほど優秀な自分こそ親権者にふさわしいと主張してくるケースもありました。

過去の栄光にすがるのは、その後の人生が充実していないという証です。今を生きず、過去の思い出の中だけで生きる、悲しい人たちなのです。

まとめ

過去の自慢を武器に妻の人格批判
これも立派なモラハラです

COLUMN 6

モラハラ夫と別れるまで

モラハラ夫の共通点

本書ではモラハラ夫と別れる15のケースを紹介していますが、ここまでお読みになってきて、言動や背景こそ違えど、どれもとても似た部分があると感じているのではないでしょうか。

「出会ってすぐに結婚」の落とし穴

モラハラ案件で一番特徴的なのは、出会ってすぐに結婚した夫婦が多いという点です。お見合いや紹介、マッチングアプリで知り合い、職業や年収といったスペックを見て「素敵な人、いい夫になりそう」と思い、とんとん拍子に結婚に進んでいます。交際期間が長いケースがあっても、遠距離恋愛で、実際に会った回数は数えるほど……というものでした。皆さん、突然現れた夫を完璧な男性と思って、「こんなに素敵な人が私を好きになってくれた」と舞い上がったその勢いで結婚しています。そもそもそんな完璧な人が適齢期まで結婚しなかったのには理由がありそうですが、その時は考えもしなかったというのです。

高スペックですごい人、私より頭が良くてちゃんとした人……。そう思い込んで結婚するため、当初から絶対的な上下関係のある状態で結婚生活が始まってしまうのです。そして一度、上下関係ができてしまうと、夫は妻を見下して怒り続けるようになり、モラハラがエスカレートする一方になります。

モラハラ夫にはない「お互い様」の気持ち

また、夫婦に限らず、人間関係にはお互い様の部分があります。正しいところもあれば間違っているところもある、得意なこともあれば苦手なこともある……。人それぞれがそういう個性をあわせ持っていて、補い合って生活していくのが社会や家族です。

しかしモラハラ夫には、そんなお互い様の気持ちが全くありません。自分が全て正しい、妻は愚かで間違っている。そう思い込んでいるから、生活費を与えず、家事も分担せず、ただ毎日のように自分のルールで家庭を統制するべく家族を怒鳴りつけるのだと思います。

モラハラの主張を助長してしまう弁護士

モラハラ夫が依頼する弁護士もまた特徴的です。

モラハラ夫自身は、夫婦関係の修復や子どもとの面会を求めているので、その希望を叶えるには、まずは真摯《しんし》に謝罪をして、もうモラハラはしないと約束するのがスタートになります。しかしこういった夫につく弁護士は、なぜか「妻は浪費家で家事が下手だった、自分は厳しく指導しただけだからモラハラではない」「子どもを叩いたのはしつけのためだ」と夫と一緒になってモラハラを正当化して家族を攻撃します。中には裁判官や調停委員にもたてつく弁護士がいて、それでは修復も面会も遠ざかる一方です。これは、モラハラ夫たちは法律相談の際に「修復したいならきちんと謝ったほうがいいですよ」ととりなす弁護士には依頼しないためだと思われます。人のアドバイスを聞き入れられない性格なので、夫の主張を助長してしまう弁護士との相性がとても良いのかもしれません。

モラハラに悩む妻たちは、調停や裁判で夫のモラハラを信じてもらえるだろうかと不安に思っています。もちろん証拠があれば問題ありませんし、モラハラ夫やその弁護士はこのような言動をしがちなので、あまり心配はいりません。本物のモラハラ夫は、本人の態度で必ず周囲にそのモラハラ気質が伝わるのです。

CASE 12

“エセSDGs”夫

エコを叫んで脱エアコン、「このままだと子どもが熱中症で死ぬ」という妻の叫び。

我慢の日々だったが34度を超えた日曜日、
さすがに今日は・・・
ぜぇ
はぁ
仕方ない・・・だけど27度以下のボタンはないと思えよ！

その企業はいち早くSDGsの重要性に気づいて……
ペラペラ
人類はサステナブルなディベロップメントでより良いゴールを…
ペラペラ
なんだかよくわからないけど、意識が高くて博識な人なんだなぁ…
そんな彼に憧れて結婚したけど…
暑い…！エアコン…
バッ
ダメダメ！自然の風が一番だよ！窓を開けて扇風機を回せばしのげるでしょ！
ええ!?
ぜぇ…はぁ…
このままじゃあせもできちゃうかもしれないし…
ぐっしょり
汗をかくのは代謝を高めることだから、健康面でも良いことなんだ！
俺が出勤中、こっそり点けちゃダメだよ！
我慢の日々だったが34度を超えた日曜日、
さすがに今日は…
仕方ない…だけど27度以下のボタンはないと思えよ！
ぜぇ はぁ
ピッ
日中は照明も点けてはいけない。
暗ーー…

全ては環境のためだ！
寝る時もエアコンは禁止。
熱中症にならないかな…
子どもが心配で眠れない夜もあった。
う〜ん
一見、崇高な理由を挙げて環境問題への意識が高いように見せかけてるけど、
ただ光熱費をケチりたいだけ…
私に無理を強いる命令をしたいだけだ。
夫に従ってたら命に関わる。
離婚しよう!!
カッ
弁護士に相談へ。
なるほど…
実は夏の終わりに離婚相談が増えるんですよ。
え？
モラハラ夫は大体ケチなので、電気やガソリンを妻に使わせないんです。
皆さん、猛暑をエアコン無しで過ごすなかで、
はぁ…
ぜぇ…
命の危険を感じて離婚を現実的に考え始めるんですよね…

CASE 12

”エセSDGs“夫

特徴

・どんどん高まる「光熱費の節約」熱
・「27度以下のボタンは無いと思え」
・コロナ禍で終日夫の監視下に

持続可能な社会のために、できることからコツコツと――と言えば聞こえは良いですが、実際のところ、中身はただのケチとマウント取りのハイブリッド。今回はそんなモラハラ夫のケースです。

保険会社勤務の夫とは、合コンで出会ったというL子さん（30歳）。知り合った当初から、夫は環境問題や社会問題について話すことが多く、普段ニュースを見たり新聞を読んだりする習慣のなかったL子さんは、さすが一流企業の人は博学で意識も高いと感心したそうです。

以前は派遣で事務員をしていましたが、結婚を機に家庭に入ることに。同居が始まると、夫はまずL子さんに光熱費の節約を言い渡しました。「資源は無限ではない」を決まり文句に、使わない時には家電のコンセントを抜き、ペットボトルは洗って使い回し。夫いわく、ガソリンを使うと地球温暖化に影響があるらしく、夫の送迎以外の車の利用は厳禁。送迎時の運転も急発進や急ブレーキは絶対NGで、いかにガソリンを消費しないで運転するかを求められていたそうです。

風呂の残り湯を洗濯に使う夫のこだわりもL子さんには負担でした。毎月、水道光熱費をチェックし、高いと環境に悪いと怒られます。大変だと思いつつも、環境のためならと、夫に言われるままに過ごしていました。

夫婦で過ごす初めての夏。家事で汗をかくので、L子さんはエアコンを24度に設定していました。が、帰宅した夫はエアコンの設定温度を見て、「うちのエアコンには、27度以下のボタンは無いと思え」。それから「朝と夜は涼しいんだから、窓を開けて扇風機を使えばいい。そもそも人間の体には自然の風が一番なんだ」。L子さんは驚きましたが、環境問題を話し出すと長いので、黙って受け入れました。ところが、本当の地獄は子どもが生まれてから始まりました。冬の寒い日、暖房が満足に使えず、寒さで子どもが風邪を引いたことがありました。かなりの高熱で、医者にかかろうにも車の使用許可はおりず、L子さんは子どもを抱っこして往復40分かけて病院へ。次の夏は猛暑でしたが、夫がいない昼間にエアコンを使いすぎると、電気料金でばれてしまいます。そのため、日が暮れるまで子どもと児童館やショッピングモールで過ごしたり、何かと理由をつけて実家に帰ったり、時には友人の家に避難したこともあったそうです。

●このままだと子どもが熱中症で死ぬかも

しかし、そのような逃げ場すらL子さんから奪ったのが、新型コロナウイルスの流行によるステイホーム期間です。夫は終日在宅勤務になり、朝から晩まで夫の監視下にある生活が始まりました。夫は本格的にエアコンの使用を禁止。どんなに暑くても「汗をかくのは代謝を高めるのでいいことだ！」と言って聞かず、暑さで子どもの意識が朦朧《もうろう》としてきた時も、水分補給と扇風機と「自然の風」で乗り切ろうとしたと言います。「このままだと子どもが熱中症で死ぬかもしれない」とさすがに生命の危機を感じたL子さんは、一念発起して法律相談にやってきたのでした。

「とにかく、暑くて死にそうなんです」……これが、L子さんが真っ先に口にした言葉です。法律相談なのに体調不良を訴えるL子さんに、経緯を聞きました。L子さんの話によると、夫は何かにつけて「地球の環境が」「エコが」と言うけれど、いつも抽象的な話ばかり。L子さんが具体的なことを聞いても「だからお前はバカなんだ！」と怒鳴るだけで、ちっとも答えてはくれないそうです。さらに、この夫はゴミの分別には一切興味がなく、食べものも平気で残します。このことから、夫はただ知的ぶりたいだけで、真剣に環境のことを考えているわけではなさそうでした。

実はこの時期、L子さんのようにエアコンの使用をめぐって夫婦関係が悪化したという相談をたくさん受けました。コロナ禍の在宅勤務で、退職後の夫婦に起きる問題が前倒しで起きることは予想していました。しかし、エアコンの問題として離婚相談が増えるとは思ってもみませんでした。

さて、夫のエセSDGsに気づいたL子さんは離婚を決意しました。離婚をゴールに据えてまず着手したのは、証拠集めです。夫が環境問題にうるさい、エアコンを使用させてくれないと言っても、なかなかその壮絶さは他人に伝わりません。夫のモラハラ行為そのものの録画を撮ることにしました。汗だくになって「ママ〜、暑いよ〜暑いよ〜」と訴える子どもに、「エアコンをつけたら地球が壊れるぞ！」とこれまた汗だくになって怒鳴り散らす夫の姿。幸い夫は毎日家にいるので、このような証拠を集めることにさほど苦労はしませんでした。

証拠を押さえて家を出たL子さんは、離婚調停を申し立てました。夫は「両親が揃っていないと子どもの発育に悪影響がある」と、子どもの命を危険にさらしたことは棚に上げて、建前論を展開しました。そんな夫を黙らせたのが数々の証拠の動画でした。泣き叫ぶ子どもの姿は誰の目にもインパクトがあり、夫もそれ以上強く出てくることはありませんでした。当然ながら親権はL子さんに渡り、無事に離婚ができたのです。

この事例において、エアコンをめぐる話はとても印象深いエピソードです。しかし、調停や裁判で戦う際にそういった話題だけにフォーカスしてしまうのは失敗を招きかねません。なぜなら、「エアコンを禁じる」「地球環境にうるさい」というのは離婚の決め手に欠くからです。論より証拠、子どもにひどい言葉を浴びせ続ける夫の姿、場面そのものを押さえたほうが、夫婦関係の破綻を裏付けるためには有効打と言えます。

この夫も、悪人ではないのかもしれません。とにかく光熱費を安く抑えるのに必死で、四角四面なほどにまじめ。ただ、地球環境を守ろうとした結果、家庭環境が壊れてしまっては本末転倒、という事例でした。

まとめ

勝つためには夫の㊧エピソードより子どもに怒鳴り散らす姿の動画

COLUMN

モラハラ夫と別れるまで

7

子どもに「悪い」と思いすぎないで

夫が妻に執拗な叱責《しっせき》などのモラハラをしている家庭では、多くの場合、子どもも同様の被害に遭っています。それでも「子どもには父親が必要だから」と我慢しようとする人もいます。しかし、子どもを頻繁に怒鳴りつけたり、時には暴力を振るったりすることは、虐待にあたります。

また、怒鳴られているのは自分だけだからと離婚をためらう妻もいます。しかし、日常的に父親が母親をなじったり怒鳴ったりして、母親がおびえている様子を目の当たりにすること自体、子どもにとって決して良い影響はありません。子どものためにと我慢していることが、かえって子どもの心に傷を残している可能性があります。

先延ばししないでほしい理由は

「子どもが成人するまで我慢しよう」と考えてモラハラに耐える相談者をたくさん見てきましたが、我慢して正解だったというケースは見たことがありません。むしろ、一度は我慢しようとしたものの、モラハラがひどくなり、妻や子どもの心身に限界が来て別居か離婚を考えざるを得なくなったという相談を受けます。その中でも、子どもに影響が出始めたことがきっかけで離婚を決めることが多いです。

あくまで私が見てきた事案に関してですが、大きな影響を受けないのは、おおむね3歳くらいまでです。未就学児では腹痛や頭痛など体に異変が出たり、小学校に上がってからは、友だちなどの人間関係に影響が表れたりします。思春期に差しかかると、家庭の状況が影響して不登校になってしまうこともあります。

一方、モラハラ夫自身にも、同様の家庭環境で育ってきたという人が多く見られます。妻から「夫は両親に怒鳴られたり叩かれたりして育ったらしい」と聞くこともあれば、夫が裁判所に提出する書面や妻への謝罪文で、モラハラをしたことの反省の弁として、自分の家庭環境がつらいものだったと書いていることもあります。

不倫をした夫が弁解として「自分の親も不倫していたから」と言うことはないので、モラハラをしてしまう夫自身も、自分の言動の根っこには幼少の頃の経験が影響しているのを、どこかで気づいているのかもしれません。本人も気づいていて、家族もやめてほしいと何度もSOSを出している。それでもやめられないのが、モラハラの恐ろしさです。

母親が葛藤している姿も子どもは見ている

このような状況に陥っている場合、一度距離を置くのが夫にとっても妻や子どもにとってもプラスになります。また、実際に動いてみると、子どもは「もっと早く家を出ようと言ってほしかった」「パパに怒られないように我慢していた」と話し始めます。

母親が葛藤《かっとう》している姿も、子どもはしっかりと見ています。母親が自分のために我慢していることも知っていて、我慢しないで助けてほしいと思っていたりもします。また、離婚することになっても、自分の意思で「パパは怖いけど、このぐらいの頻度でなら会っていい」と言える子もいます。

どのケースを見ても、母親の不安な様子に比べて、子どもは意外と冷静です。母親が決断したら応援して、サポートしようとしてくれる子もいます。「子どもに悪いから我慢する」ことを唯一の答えと思い込まず、子どもの話も聞いてみるようにしましょう。誰よりも夫婦のことを見ている存在ですから、後押しをしてくれるかもしれません。

CASE 13

〝コンプラ違反強制〟夫

妻も子どももみんな〝共犯〟、家族のモラルを破壊するザ・モラハラ夫。

夫が怖いんです…いつか警察に逮捕されるかもしれない……
ガタガタ
何があったんですか？
公務員として勤める彼は、まじめでいい人のように見えた。
ただ、旅行先でレンタカーに乗った時……
ちょっと運転荒め？
あー こすっちゃったか。
まあ、言わなきゃばれないよ。君も黙っててね。
え…………
その後、結婚すると、
なんだアイツ！邪魔しやがって！
パッパー!!
ヴォンッッ
あおるのやめなよ。
おい！チンタラ走るなよ！
本当、やめて…
ダッ
女や老人が技術もないくせに運転してるから、注意してやってんだ。
みんなの迷惑だろ？国のためにやってるんだよ。

もより駅
A1～5
駅員さんには5歳って答えなさい。
無料で乗車するために、7歳の息子に嘘をつかせ、
そこ優先席…
優先席
問題ないだろ！いいから君らも座れ!!
さらに…
太郎君、お楽しみ会のじゃんけんでズルをしたみたいで…
やんわり…
え⁉
しら～
しだいに子どもが父親と同じことをするようになった。
ちゃんとルールを守ってよ。
教育にも悪影響が…
何がルール違反だ！
何の法律に違反したのか言えるか？言えないだろ？
俺は個人的な〝お気持ち〟なんかで左右されないからな！
このままだと子どもがいつか犯罪者になってしまうかもしれない…
離婚しよう…！

CASE 13

“コンプラ違反強制”夫

特徴

- 「言わなきゃわからないから」に違和感
- 運転の荒さやあおり行為にヒヤヒヤ
- 義親もモラルに欠けている

モラハラ夫は、全般的に社会のルールを守る意識が低い傾向にあります。今回の事例はそれに特化した、さまざまなルールを破るタイプの夫。しかも妻や子どもにもそれを強要し共犯に仕立て、家庭を壊すケースです。

公務員の夫と結婚8年目を迎えるM代さん（36歳）。パートで家計を支えながら、7歳になる息子を育てています。夫は、基本的には真面目で良い人。けれども時折、常識はずれな言動が見られるとのことでした。

最初に「あれ？」と思ったのは、結婚前。旅行先でレンタカーを利用すると、夫の運転が荒くて驚いたと言います。駐車する時の確認も雑で、標識に車をこすってしまいました。にもかかわらず、何も言わずに車を返却。忘れているのかと口を出そうとしたら、夫から「言わなきゃわからないから」と制されて、すごく悪いことをしている気持ちになったと言います。

結婚して同居を始めると、今度はNHKの受信料で揉《も》めました。当然のこととしてM代さんが支払っているのに気づいた夫は「そんなの払う必要ない。払うのはバカだけだ！」と怒り狂い、居間のインターフォンの横に、「NHK来ても無視」とメモを貼りつけました。

車の運転は年々さらに荒くなっているとM代さんは言います。以前はただ運転が雑なだけでしたが、しだいに交通ルールを無視するようになり、違反キップを切られることもしばしば。M代さんが運転を替わっても「もっとスピードを出せ」「幅寄せをしろ」など、言う通りにするまで指示を出し続けます。法定速度で走る前の車の運転者が女性や若者とわかると、意図的にあおり、停車中に車を降りて「チンタラ走ってるんじゃねえよ!」と文句を言いに行くこともありました。いつか大きな事故や事件を起こすのでは、とM代さんはヒヤヒヤ。「あなたは公務員なんだし、相手が怖い人の時もあるかもしれないからやめましょう」と言っても、「女、子どもが技術もないくせに乗っているから注意をしているだけ。俺は国のためにやってるんだ」と悪びれる様子はありません。

●息子が犯罪者になってしまうかもという恐怖

子どもができれば親として心を入れ替えるかも……と期待しましたが、それも泡と消えました。5歳の誕生日、家族でテーマパークに出かけると、入場ゲートで年齢を聞かれた息子は「3歳」と答えました。夫が子どものの入場料を無料にするため、「3歳と言うんだぞ」と事前に息子に嘘を仕込んでいたのです。電車やバスの料金も同様。小学生になっても5歳と偽《いつわ》り、半年以上も無賃乗車を続けていました。

ヒーローショーのジャンケン大会はあと出しをさせて勝ち進み、グッズ販売の行列には普通に割り込む、優先席に座って混雑しても譲らない、拾ったお金は自分のものにする。そんな夫の教育を受けて育ったからか、小学校に上がった頃から、息子自身が進んでズルをするようになりました。クラスのお楽しみ会の当日、担任の先生からの電話で発覚したのです。

クラスメイトからゲームのルールを守るように言われた息子が、「ルールを守らなかったら、何の法律に違反するのか言ってみろよ」と言い返した、と。大きなショックを受けたM代さんは、「このまま育てば息子は犯罪者になってしまうかもしれない。どうにか夫と離れなければ」と、法律相談にやってきたのです。

実は、法律相談は2回目だというM代さん。その時も子どもへの悪影響を心配して行政の無料相談に参加したそうです。でも、具体的に夫の何に対して離婚を訴えればよいのか、M代さん自身もよくわからないまま臨みました。というのも、夫の言動は暴力とも暴言とも違うし、子どもに虐待をしているわけでもありません。夫のルール違反を見ると恐怖と後ろめたさで胸が苦しくなるのですが、うまく言語化できません。結局、弁護士には「それじゃ離婚はできない」と突っぱねられたそうです。

しかし「せめて、夫の言動の証拠があれば……」と言われたことから、少しずつ夫の悪行を日記と録音を中心に記録し続けました。この間に、夫があおった運転者の老人が警察に通報したという出来事や、ネットニュースに行政の悪口をせっせと書き込んでいるということも追加されています。

そこで私は、夫の言動はモラハラに相当すること、そして離婚を希望するのなら、公務員という職業からすると比較的早く決着がつくだろうと、別居から調停への道筋を説明しました。すると、M代さんはすぐに行動に移し、離婚調停に進めました。調停ではM代さんが集めた大量の証拠を提出。夫は、公務員の立場で裁判沙汰はまずいと観念したようでした。

調停成立の際に同席した夫が放った言葉を今もはっきり覚えています。「これぐらいのこと、みんなやってるだろ」。実は、この一言にこそ、この種のモラハラ夫に潜む根本的な問題が凝縮されていると思うのです。

M代さんの話の中に、夫の実家に行った時、道の狭い住宅街なのに、義父から「家の前に路上駐車すればいい」と言われてモヤっとしたというエピソードがありました。義母と出かけた時は、野菜の無人販売所で少ない代金を置いて持っていったこともあったそうです。捕まらなければ何をしてもいい、みんなやっているからやらないと損。そのような思考を夫の親も持っていたわけです。つまり、夫のルールやコンプライアンス意識の低さは親譲り、生まれ育った家庭環境によるものだったのです。

「交通違反が原因で離婚するなんて大げさでは？」と思う人もいるかもしれません。しかし、逮捕されるほどのことでなくても、人に迷惑をかけること、ちょっと悪いことの共犯にさせられると、罪の意識で良心が痛みます。そしてそれを毎日のように、何年も続けていると……。妻もその価値観におかされ、まずいと思う自分がおかしいのではと、モラルを崩壊させられてしまいます。これこそ、「モラルハラスメント」そのものだと私は思うのです。

まとめ

コンプラ違反夫の最大の罪は
モラルの崩壊を妻子に強いること

COLUMN

モラハラ夫と別れるまで

8

財産分与を正しく得るには

モラハラ離婚で特に難航するのは財産分与です。

モラハラをされてきた妻としては、これだけの被害を受けてきたのだからしっかり財産分与をしてほしいと期待しますが、実際は財産分与を受けるまでは困難の連続です。

まず、財産分与を主張する際には、相手の財産の場所を把握している必要があります。モラハラでない家庭の場合は、相手の収入や銀行口座などは知っていることが多いので、この点はスムーズに進みます。

しかしモラハラ夫は、妻に収入や財産について教えていないことが多いです。結婚当初から、妻には「うちは金がない」「お前に家計管理はできない」と最低限以下の生活費しか与えず、給与明細も見せないのです。そのため、モラハラ夫との離婚の場合は、妻が夫の財産がどこにあるかわからないというところからスタートします。

次に、財産分与は婚姻中に築いた夫婦の財産を半分ずつに分けるのが基本的なルールです。しかしモラハラ夫は、「財産は全て自分のもの」と言うのがデフォルト。そして「専業主婦だった妻に半分渡す必要はない」と続けます。裁判官から半分ずつ分与するのがルールであると言われても、聞く耳を持ちません。「妻は自分の貯金の存在を知らなかったから渡さなくていい（隠していただけなのに）」「株は自分のこづかいでやっていたから別」などいろいろな理屈をつけて拒否します。

自分から離れていく妻に1円たりとも財産を渡したくない夫は、裁判官に催促《さいそく》されても通帳などの資料を提出しません。中には「コピー代がもったいないから資料は提出しない」と言い張った夫もいました。

このような顛末《てんまつ》になるので、まずは家を出る前に、通帳や保険の証書など、財産に関係しそうな資料を探しておきましょう。写真に収めたりコピーを取ったりしておいてください。見つからなくても、銀行や証券会社からのDMが来ていることもあるので、それを見ればどこの金融機関と取引があるかはわかります。

財産を隠しきれることはない

それも難しい、あるいは調べる前に家を出てしまったとしても、諦める必要はありません。ローラー作戦的に各銀行に文書提出命令をかけて、夫が隠し持っていた口座を見つけた事例もあります。また、資料は用意できなかったものの、年収や勤続年数から財産を想定して判決を勝ち取った事例もあります。モラハラ夫がどんなに必死に隠しても、全財産を隠しきることは到底無理なのです。

このような最終手段はありますが、あなたがまだ家を出る前ならば、財産について知ろうとする努力はしておきましょう。「お金のことを詮《せん》索《さく》するのは良くないと思っていた」と言う妻もいますが、そもそも不仲でなかったとしても、家の財産や経済状態について夫婦の片方が全く知らないという状況は異常です。

夫婦が共同生活を送るなかで形成した財産は、夫の名義であっても二人の共有財産です。認識を改め、未来のために今の自分ができることをやっていきましょう。

CASE 14

〝気づきと感謝自己啓発系〟夫

〝成長沼〟にハマった夫。家庭を顧みずに執心するのはSNSとマウント取り。

たまには家事を手伝ってよ…
そんなの成長のためにならない！
そんなくだらないことやってられるか!!

今は地元老舗企業に勤めてるんだけどここで終わりたくない。
もっと成長して起業するのが夢なんだ！
自分で道を切りひらくすごい人なんだなぁ…
私には無い物を持ってる！
尊敬の念を抱き、結婚。
ところが
ベンチャー企業に転職したからー
え⁉ なんで⁉
事後報告！
経営理念に共感したから。
ひとこと相談してくれても…
何見てるの？
自分を磨くヒントがここにあるんだ。
○○心理学
自己啓発動画…
どうやら今まで夫がひけらかしていた知識は全部、
動画からの受け売りだったらしい。
経営論
哲学
歴史の真実
休日は頻繁に謎のセミナーに参加。
オンラインサロンにも多数登録。
忙っ
たまには家事を手伝ってよ…
そんなの成長のためにならない！
そんなくだらないことやってられるか!!!

そんなある日…
旦那さんのFacebookって、ちょっと変わってるね…
友達
ん?
#気づき
#出会い
#学び
#成長
#感謝
#引き寄せ
#獲得
#ジョブズ
#インプット
え…………何この痛ワード…いや、まあ…向上心が高いってこと?……
ムリヤリ自分を納得させる
俺、転職するわ!
また!?今度は何するの!?
不動産コンサル!サロンメンバーに素質あるって勧められてさ。
努力しだいで数千万円稼げるんだぜ★
で、一人紹介すると紹介料がもらえる仕組みで…
えっ。
だから、お前の友だちの連絡先、全員分教えて。
これはやばい…!
自分はともかく周りには迷惑はかけられない…
離婚だ!

CASE 14

”気づきと感謝 自己啓発系“夫

特徴

・事前の相談なく転職をくり返す夫
・SNSに自己啓発ワードに満ちた長文投稿
・「友だちを紹介してくれないかな？」

昨今増えているのが、自己啓発にハマるモラハラ夫です。好きな言葉は「気づき」と「感謝」。一見ポジティブで成長志向が強いように思われますが、実際は、目標もないまま家族を振り回す、とても迷惑なタイプです。

2年前、友人の誘いで参加した合コンで夫と知り合ったN美さん。二人はともに30歳の同学年。意気投合してすぐに仲良くなり、いろいろ話すうちに、夫には起業の夢があることを知りました。「大企業に勤めていて生活は安定している。けれど、常に自分を成長させるためには、現状にあぐらをかいていては駄目。努力を惜しまず、挑戦し続けたい」と熱く語る夫に、自分には無いものを持っていると感じたN美さんは強く惹かれ、交際をスタートし、半年後には夫婦になりました。

起業を夢見る夫を支えるため、仕事は続けようと決心。N美さんは堅実な会社勤めです。夫とは違い、自分の成長や挑戦とは無縁な仕事だけれど、その分、彼の夢を応援しよう……そう思ったと言います。

ところが、夫は結婚した途端「会社の理念に共感した」と言って、ベンチャー企業に転職。N美さんに相談はありませんでした。自身の起業に向けた勉強としてのキャリアチェンジと思っていましたが、それから1年半の間に3回、ベンチャー企業を渡り歩いているそうです。

様子が変わったのは、時間さえあればYouTubeで自己啓発動画ばかりを見るようになってからでした。夫はそれを「学び」と呼んで、聞きかじったよくわからない横文字のフレーズをN美さんに聞かせては「知らなかったでしょ？」とマウントを取ってくるようになったと言います。

動画視聴では飽き足らず、実際のセミナーにも参加するようになっていきました。新型コロナウイルスが流行ってからは、オンラインサロンに移行。「朝も昼も夜も仲間とつながって、たくさんの気づきと学びを得られる」と、思いの丈をSNSに書き込むようにもなりました。

食べたものなど他愛のない内容だった夫の書き込みが、「気づき」「出会い」「感謝」「学び」「仲間」といった自己啓発ワードに満ちあふれた長文投稿へと変貌していたことを知ったのは、共通の友人からの指摘でした。

過去にさかのぼって読んでいくと、セミナーを受講するごとに言う内容がコロコロと変わっていくため、結局のところ夫が何を言いたいのか、何をしたいのかは伝わってきません。はじめは「いいね」をくれていた昔からの友人たちもしだいに離れていき、今では一つの投稿に2〜3個の「いいね」がつけば良いほう。投稿に書かれている同じ志をもつ「仲間たち」は一体どこにいるのやら、実態がまるでわからない状態だったそうです。

ベンチャー間での転職も、どうやらサロンメンバーの誘いによるものだった様子。そんな夫の思考や身の回りの変化を、夫のSNS経由で知る日々に、N美さんはストレスを感じ始めました。サロンにのめり込んでからというもの、夫は、家にいる時間はほぼパソコンに向かいっぱなしでした。家事はもちろんやりません。これまでは彼の夢の実現に向けた学びの時間だからと思っていましたが、気づけば夫婦で話す時間すらなくなっていたため、久しぶりに「話をしよう」とN美さんのほうから声をかけたそうです。ところが夫から出てくる言葉は、SNS投稿で読んだ文章そのまま。やたらと「インプット」「アウトプット」「引き寄せ」「ジョブズが」と連呼します。N美さんが深掘りするような質問をすると途端に口ごもり、「サロンにはいろいろな職業の人がいて、困ったら助けてくれるんだよ」と弱々しく答えるのです。会話が噛《か》み合わず、夫が何を考えているのかがどうしてもつかめない。少しずつ恐怖にも似た感情が芽生え始めてきた時、思い切って今の仕事に話を振ると、「そうだ！　友だちを紹介してくれないかな？」と言ってきました。

転職3つめの会社では、不動産コンサルタントをしているそうで、「努力しだいで年収1000万を超える」と熱弁。そのために1件でも多く案件をこなす必要があるから友人を紹介しろ、と言っているようでした。「私は学歴はないし、頭も良くないけれど、これが怪しいビジネスだということは直感的にわかりました」とN美さん。友人を差し出すなんてできないし、転職するたびに夫の収入は減り、かつての夢はどこかに置いておかしな方向へと進んでいるようにしか思えず、これ以上はつき合いきれない……と離婚を決意。法律相談にやってきました。

●沼にハマった原因は学歴コンプレックス

この事例では、直接的に攻撃を受けているとは言えず、モラハラにあたるかは微妙なところです。しかし、夫がオンラインサロンにのめり込んでいることで家庭生活が成り立っていないことは間違いありません。この点を丁寧に立証すれば戦えると判断して、離婚調停を申し立てました。

N美さんは夫がオンラインサロンなどの出会いで得た〝人脈〟による援護射撃を心配していましたが、杞憂《きゆう》に終わります。どうやら夫はネットで対応する行政書士にちょっと相談をしただけで、あとは弁護士のYouTubeから得た知識で調停に現れたからです。にわか仕込みの知識で戦えるはずもなく、こちらの希望通りに話は進み、離婚は成立しました。

N美さんが言うには、夫は自分の学歴を気にしていたそうです。進学校に入学したものの落ちこぼれてしまい、大学受験に失敗。なんとか仕事で見返したい……。おそらく夫は学歴にコンプレックスを抱き、一発逆転を願うあまり、情報商材やセミナーにのめり込んだのでしょう。昔の友人とつき合いたくないという気持ちも、セミナーやSNS上のつき合いに引き寄せられた原因かもしれません。高校デビュー、大学デビューならぬ「起業デビュー」を狙うのは今どきよくあることですが、妻にマウントを取り、家庭を壊してはそれも叶いません。空虚なポジティブ思考が妻を苦しめたという事例でした。

まとめ

高校、大学に続く「起業デビュー」はアリだけど、空虚なポジティブ思考で妻を苦しめてはいけない

CASE 15

"本末転倒巨大エクセル"夫

超非効率な家計簿地獄。夫の不思議な言動と謎ルールの背景にあるもの。

ただいま～家計簿見せて。
ここ違うだろ！抜けてる箇所もあるぞ！
夫の厳しいチェックがあり、何をするにもエクセル画面が脳内にちらつく……
¥
うつ状態

娘の離婚についてなのですが……
お電話いただいているのは、お母様…ということですか…？
はい…娘がメールも電話も夫から監視されていると言い張るんです。
だから、自分からは電話をかけられないと…
妻本人と面会すると…
エクセルの家計簿がつらいんです…
どういうことですか？
お見合いで知り合った夫は、超有名理系企業に勤めていた。
通信機器メーカー社員だから、ＩＴには強いですよ。
私はデジタル機器に疎いので…尊敬します。
結婚後。
イマドキ手書き？
家計簿くらいエクセルでやったほうがいいよ。
俺がフォーマット作ってやるから、それに毎日打ち込むんだぞ。
エクセル…難しい…
不慣れなせいか深夜まで入力作業をし、
朝には弁当作り。
ウトウト
休まる暇がない。

ただいま～
家計簿見せて。
ここ違うだろ！
抜けてる箇所もあるぞ！
夫の厳しいチェックがあり、何をするにもエクセル画面が脳内にちらつく……
¥
うつ状態
ちなみにどんなエクセル表なんですか？
これです……
USB
弁
夫手作りのエクセル家計簿
うわ…！
これじゃあ家計簿恐怖症になっても致し方ないですね…
表計算はできず自分で打ち込む仕様
月毎にシートが分かれておらず印刷すると絨毯くらいの大きさの巨大な表
わざと非効率なことを強制する目的は、
妻から自由な時間を奪い、世知に長けるチャンスを奪い、ひたすら罪悪感を植え付けること。
私にIT知識がないからいけないんだと思ってました……
離婚したい
弁

CASE 15

本末転倒巨大エクセル夫

特徴

- 夫自作のエクセル家計簿は入力に1時間必要
- 「メールは全部見れる。消してもわかる」!?
- 家計簿強制の背景には劣等感と自尊心

私の経験上、モラハラ夫は理系出身が多いです。優秀なはずなのに新しい知識を吸収する能力が乏しく、非効率な方法で家事を強要する夫がいます。今回は、それがケチと相まって、信じられない家計簿が登場します。

30歳を前に、両親の勧めで結婚相談所に登録した○子さん。最初のお見合いで知り合った10歳年上の夫と、3回目のデートで結婚を決めました。展開の速さに登録を勧めた両親のほうが驚き、とても心配したそうです。相手の勤め先は通信機器メーカー。年収も良く、高学歴で落ち着いた性格の人だと○子さんが説明すると、安心して結婚を認めてくれた、とのことでした。

○子さんは結婚前は実家に住み、親戚が営む店で販売職として働いていました。家事はひと通りこなせるけれど、実家暮らしのため一番の不安は家計管理だったと言います。とはいえ夫の収入は平均以上、きちんと毎月収支を把握してそれなりに倹約を心がければ貯金もできるだろうと考えていました。夫もそれを期待したのか、結婚生活が始まるとすぐに古いパソコンを1台渡され、夫がエクセルで自作した家計簿シートに日々の支出を記入するよう言い渡されました。パソコン作業に不慣れな○子さんは、手で記入したいと頼みましたが、印刷すると用紙代とインク代がかさむとのことで即却下。夫は毎晩家計簿チェックをするため、毎日1時間以上をかけて、必死でデータ入力をする日々が続きました。

妊娠中も産後すぐも例外ではありません。夫いわく「家計簿に休みはない」ので、赤ちゃんの世話に忙殺され入力を忘れて寝てしまった日は、夫に叩き起こされてその日の分を深夜に埋めるということもありました。

ある時、家計簿アプリの存在を知り、試してみたら一日分の入力がなんと5分で終わりました。これを使いたいと相談すると、夫は激怒。「主婦のくせに家計管理を手抜きするのか！」「アプリに入れた情報は海外にハッキングされる」などと、2時間も怒り続けたと言います。子どもの夜泣きで寝不足の〇子さんは、そんなに怒るのなら今のままで、と折れました。

でも、一度便利なアイテムを知ってしまうと、夫の自作エクセルの不便さが気になって仕方がなかったそうです。理系で数字に強く、パソコンに詳しいはずなのに……と思い始めると、実は家計簿以外にも夫の不思議な言動と謎のルールはいくつもあったのです。

例えば、夫はタブレットを3つ持っていました。一つはSNSとメール用、一つは動画視聴用、一つはネットサーフィン用。無料期間や実質ゼロ円などのキャンペーンをうまく活用しながら台数を増やしたそうです。どれも聞いたことが無いメーカーのもので、なぜ3つも必要なのか疑問に思いましたが、ITに疎い○子さんは特に指摘しませんでした。

自宅のWi-Fiが遅いのが○子さんの悩み。娘が動画を見る際にしょっちゅう止まってしまいます。夫はWi-Fiを使わないと怒るのに、割引の対象が理由でポケットWi-Fiを使用しているためです。

そして夫は自分の名義で契約をしたスマホを妻に渡す際に、「俺の名義の携帯だから、中身は全部見れるからね。メールを消してもわかるから」と言いました。恐ろしくなった○子さんは友人にも愚痴は言えず、両親と夫以外の連絡先はほとんど登録しないまま、静かに過ごしていました。

●家計簿をつける目的は妻に罪悪感を植え付けること

異変を感じ取って法律相談にやってきたのは、〇子さんの両親でした。「良い人」と結婚したはずの娘が会うたびに表情が暗く沈んでいくのが気になり問い詰めたところ、夫に携帯の中身を監視されていること、毎日とても非効率的な家計簿をつけさせられていることを打ち明けました。話すうちに涙が止まらなくなった姿を見て、すでに我慢の限界にきていることを悟った両親は、娘と孫を救いたい、との想いでいらしたのです。

そこでまずは両親から話を伺ったうえで、改めて〇子さんに来所するようお願いしました。〇子さんは「夫に監視されているから外出できない」と固辞しますが、それは脅しに過ぎないことをご両親も含めて伝えました。本当に監視するならこっそりやるはずで、宣言などしないものです。

来所した〇子さんの口からは何度も「とにかく家計簿が苦しくて」とい

う言葉が出てきます。いくらパソコンが苦手とはいえ1時間もかかる入力とはいかなるものか、実際にその家計簿を見せてもらったところ、その内容に驚愕。月や年などのシート分けもなく、一日ごと、1店舗ごと、1商品ごとに記入する仕組みです。PC画面をスクロールしても終わりが見えないので印刷してみたら、ひと部屋の床を占領するサイズの表が一つあるだけ! 表計算も組み込まれておらず、エクセル表といってもただの大量の枠線でしかありません。家計を把握するのであれば、食費、日用品、光熱費といった費目の合計があれば事足ります。この夫がわざわざ1商品ごとに記載させているのは、〝これだけ夫のお金を使った〟という罪悪感を妻に植え付けるための家計簿だからです。

どうしてこんな夫になってしまったのでしょうか。理系で通信機器メーカー勤務といってもパソコンに詳しいとは限りません。実は、この夫は管理系部門の所属でITスキルが必要ないうえ、もともとパソコンが苦手だったため、時代に取り残されていたのです。そんな職場での劣等感と自尊心を満たすため、IT知識のない妻に自分なりの「ITスキル」の結晶である巨大エクセルの入力を命じたのです。

○子さんの希望は「夫と離れること」だったので、子どもを連れて実家に戻り、婚姻費用を得て日々の生活費をまかなう方向で進めることに。夫は婚姻費用を決める場面でも、A4用紙数枚でも収まらない巨大エクセルを用いて妻がいかに浪費家だったかを熱弁。しかし読みにくい表は何のアピールにもならず、こちらが提示した額で調停は成立しました。

まとめ

家計マネジメントの道具に過ぎない家計簿が妻に罪悪感を植え付けるなんて言語道断

COLUMN

モラハラ夫と別れるまで 9

モラハラ夫と食洗機

ここ数年、モラハラ離婚の相談を数多く受けていますが、ある時ふと気がついたことがあります。妻たちの相談に、「食洗機のことで夫と揉めた」というエピソードが頻繁に出てくるのです。ケース3の『『食洗機は敵』家事監督夫」がその代表的な内容ですが、他のタイプのモラハラ夫のエピソードにも、たびたび登場します。

毎日何度もしなければならない食器洗いは家事の中でも面倒なものですよね。その負担を軽減してくれる食洗機は、今や普及率は約35%、後付け設置もできる比較的安価なモデルも発売されて、決して珍しいものではなくなってきました。

このような食洗機ですが、モラハラ夫にはどうしても許せないもののようです。妻が食洗機が欲しいと言おうものなら猛反発。夫たちから出てくる言葉は、驚くほど似ています。「食器洗いなんて大した手間じゃない」「怠けるつもりか」「高いだけで役に立たない」「電気代と水道代の無駄だ」……。食洗機のエピソードを口にする妻に「こう言われたんじゃないですか？」と聞くと、「そうなんです！　どうしてわかるんですか？」と驚かれます。

こうして、私にとってモラハラ夫と食洗機は切っても切れないイメージになりました。しかし、なぜモラハラ夫は、こんなにも食洗機が許せないのでしょうか。

共働きでも専業主婦でも、妻は「家事をする人」

モラハラ夫の顕著な傾向として家事を全くしないというものがありま

す。彼らは、妻のことを「毎日身を粉にして家事をする人」と認識しています。なぜ私が彼らの認識を知っているかというと、妻に対して「家事をするために雇っている」「家事をさぼるな」と伝えているさまざまな証拠を見ているからです。

離婚相談において、家事の分担で揉めたという話はよく出てきます。共働きだから夫にももう少しやってほしい、夫がうまく家事ができなくて手間が増える……。そういったよくある話が、モラハラ家庭には出てきません。そもそも家事は妻が全部やるものという暗黙の前提があり、「分担」の意識がないため、家事を全く助けてくれないどころか、夫に家事をチェックされてつらい、という話しか出てこないのです。

夫は帰宅すると家中をチェックして、ゴミやほこりが残っていたらやり直しを命じます。不思議なことに、ゴミを見かけても自分で拾わず、「ゴミが落ちているぞ！」とわざわざ妻に拾わせるのです。家事にうるさい夫ほど自分の机やタンスは汚いという傾向もあり、決してきれい好きだから妻に注意しているというわけではないのです。

総菜にまつわるエピソードも頻出します。仕事や家事で疲れたから総菜を買って夕食に出すと、激怒されるというのです。デパートの総菜ではなく、スーパーのコロッケであっても、です。「怠けやがって、誰の金だと思ってるのか」が、モラハラ夫の決まり文句です。一方で、妻の料理がおいしくないと怒ったという話は出てきません。

こういったエピソードから見えてくるのは、モラハラ夫は味や値段、効率といった結果ではなく、「妻が時間と手間をかけて家事をすること」そのものに強くこだわっているということです。

そんな彼らからすると、便利家電を欲しがる妻は、お金をかけて怠けたがっているように見えます。だから彼らは食洗機と聞くと火がついたように怒り始めるのです。妻が調べて、食洗機は手洗いに比べて節水になる、電気代もわずかであると教えても、夫は認めません。彼らはお金がもったいないのではなく、妻が家事をさぼることが許せないのです。

中には、反対はされたもののどうしても欲しいので独身時代の貯金から買ったという妻もいました。これなら文句は言われないと思いきや、今度は食洗機を動かしている最中に、「食器洗いをさぼっているんだから浮いた時間で他の家事をしろ！」と怒られるようになったそうです。

食洗機は敵、ロボット掃除機も敵

「現代版三種の神器」と呼ばれることが多い便利家電は、食洗機、ロボット掃除機、ドラム式洗濯乾燥機です。食洗機以外の2つもモラハラ夫に購入を反対されたエピソードを耳にします。家事の手間を省く価値がわからないモラハラ夫には、食洗機と同様に無駄づかいや手抜きの象徴に見えるのかもしれません。

もちろん、食洗機の購入を反対したから即モラハラ夫というわけではありません。妻の希望を聞いて、「欲しいのはわかるけど……」と理解を示して、一緒に検討した末に購入しないのであれば、それは夫婦で話し合いができていると言えます。そうではなく、食洗機を買いたがるのをまるで悪いことのように怒ってきたら……。その根底には、妻は家事をするべきものだという気持ちがありそうです。

もしあなたが夫はモラハラではないかと思っていたら。一度「食洗機が欲しい」と言ってみるのが効果的かもしれません。

おわりに

本書の事例を読むと、誇張しすぎているんじゃないの？　と思うかもしれません。各事例は詳細な部分こそ変更していますが、各類型の特徴やモラハラの壮絶さについてはリアルに書くように心がけました。

とても理不尽で、ささいなことに固執していて、彼らがなぜこんなことをするのかと不思議になると思います。私も、モラハラ夫たちはなぜこんなことをしてしまうのか、どうしたらモラハラはなくなるのかと考えてきました。

社会は急激に変わってきました。不倫をした芸能人は昔よりも徹底的に批判されますし、セクハラやギャンブルへの風当たりも強まっています。タバコを吸える場所は減り、飲み会も敬遠されがちです。昔は許されていたのに今はできなくなってしまったものが、とても多いのです。その結果、遊ばずまっすぐ家に帰るのが理想のサラリーマン像のようになり、家族と顔を合わせる時間が増えました。それまで外で発散していたストレスの矛先《ほこさき》が、家族に向かうようになってしまったのです。

一方で、ネットにあふれる情報も、モラハラを招く遠因なのかもしれません。高スペック男性と結婚する方法、熟年離婚の財産分与で退職金をたっぷりもらえた妻の話、不倫をしたら妻に証拠を突きつけられて高額の慰謝料を取られた話……。そんなあけすけなエピソードをたくさん目にすると、結婚というものへの憧れが薄れてしまうのも無理はありません。

モラハラ夫たちは、厳しいルールで家族を縛ります。一日中掃除をしろ、巨大なエクセルの家計簿をつけろ、合意書にサインしろ……。支離滅裂なルールに固執する彼らの姿は、客観的に見るとどこか切なくもあります。

モラハラ夫たちは、混乱しているのかもしれません。根深いコンプレックスのせいか、育った家庭環境のせいか、家族との接し方がわからなくて、家族を信用することもできない。なのにいい家庭を作りたいという気持ちだけがあり、それがあさっての方向に行っている。モラハラ夫が強制しようとする支離滅裂なルールは、「幸せになりたい」という漠然とした願いでがんじがらめになった末の、歪んだ心の叫びにも見えるのです。

その最たるものが、食洗機への敵対心です。ただの便利な最新家電が許すことのできない敵に見えるほど、彼らは自分の思う「家庭内の秩序」に固執しているのです。

もっとも、女性の側にも原因がないとは言えません。結婚を人生のゴールと考えるあまり、関係性の薄い相手と価値観のすり合わせをしないまま結婚したり、時にはSNSで出会った相手とすぐに結婚してしまう人もいます。そして収入面を夫に頼ってしまうと、壮絶なモラハラを受けていても、言い返すことも、夫から離れることも、できなくなってしまいます。それだけでなく、「自分は女性だからITが苦手」と言って、スマホのパスワードなどの管理まで夫に任せて、周囲にSOSを発することすらできなくなってしまう人もいます。

「はじめに」にも書いたとおり、私はモラハラ妻についての相談も多く受けています。夫のモラハラとは傾向が違う面もありますが、夫婦の関係性に悩み、混乱するあまりに極端な言動に走ってしまうのは、男女ともに変わりません。

こう考えると、モラハラというのは個々人だけの問題ではなく、社会や教育、家族のあり方全体の問題だと思わずにはいられません。

実際、モラハラの影響はその家族だけにとどまりません。モラハラをする人は、自分が見てきた親と同じことをしている傾向があります。また、相談を受けていると、モラハラ家庭の子どもは不登校になっていることが非常に多いです。家庭の問題は連鎖して、次の世代に受け継がれてしまうのです。子どもたちが受ける影響をできるだけ小さくするためにも、モラハラ夫婦の問題はその世代で解決すべきだと思います。

私が法律論ではなく事例を発信しているのは、事例という形であれば、どんな問題でも自分のこととして身近にとらえてもらえると思うからです。

モラハラについても、こうして事例にまとめて紹介すれば、きっと同じように困っている誰か、そして同じようなことをしてしまって悩んでいる誰かにも届くはず。そう思いながら、本書を書きました。

前が見えない状態でも、一歩踏み出せば、法律は道を整えて、次のステップに進む助けになります。モラハラから抜け出す、そのためには自分で歩けるように、夫に頼らず生きていけるように。本書がそのお役に立てば幸いです。

最後になりますが、本書の執筆を支えてくださった皆様に深くお礼を申し上げます。

２０２３年１月吉日　弁護士　堀井亜生

堀井亜生 Horii Aoi

弁護士。

北海道札幌市出身、中央大学法学部卒。堀井亜生法律事務所代表。第一東京弁護士会所属。

離婚問題に特に詳しく、取り扱った離婚事例は2000件超。豊富な経験と事例分析をもとに多くの案件を解決へ導いており、男女問わず全国からの依頼を受けている。

また、相続問題、医療問題にも詳しい。

「ホンマでっか!?TV」（フジテレビ系）をはじめ、テレビやラジオへの出演も多数。執筆活動も精力的に行っており、著書に『ブラック彼氏』（毎日新聞出版）などがある。

ゆむい yumui

まんが家、ブロガー。兄弟育児や日々の出来事をつづった絵日記ブログ「ゆむいhPa」を運営。著書に『夫の扶養からぬけだしたい』『親になったの私だけ!?』（以上、KADOKAWA）、『夫婦を続ける自信がない』（竹書房）など。

モラハラ夫と食洗機
弁護士が教える15の離婚事例と戦い方

2023年2月20日　初版第1刷発行

著　者　堀井亜生

発行者　下山明子

発行所　株式会社　小学館
〒101-8001　東京都千代田区一ツ橋2-3-1
電話（編集）03-3230-5125
（販売）03-5281-3555

印刷所　三晃印刷株式会社

製本所　牧製本印刷株式会社

ISBN 978-4-09-311529-2

制作／浦城朋子・松田貴志子・斉藤陽子　販売／中山智子
宣伝／鈴木里彩　編集／竹下亜紀